LE XVIe ARRT

Documentation Générale

LES ŒUVRES

LEUR ORGANISATION

PRÉFACE de Mr Georges GOYAU
DE L'ACADÉMIE FRANÇAISE

HISTORIQUE PAR LE COMTE D'ANDIGNÉ
CONSEILLER MUNICIPAL

1923

ÉDITÉ PAR L'UNION DES ŒUVRES
CATHOLIQUES DU XVIe 87 Rue Lauriston

LE XVIe ARRt

ÉDITÉ PAR L'UNION
DES ŒUVRES CATHOLIQUES DU XVIe

87, rue Lauriston, 87

1923

LE XVIe ARRONDISSEMENT

CLASSIFICATION

Préface de M. Georges Goyau, de l'Académie française.

Le XVIe arrondissement à travers les âges. Passy, Auteuil, Chaillot et Dauphine, par le comte d'Andigné, conseiller municipal du XVIe arrondissement.

Documentation générale.

L'Enseignement.

Les Œuvres. Leur organisation.

a) **L'Union centrale des œuvres d'assistance du XVIe**

1. — Œuvres générales.
2. — Maternité.
3. — Premier âge.
4. — Enfants et Orphelins.
5. — Adolescents.
6. — Adultes.
7. — Assistance.
8. — Placement. Rapatriement.
9. — Maisons de Famille.
10. — Malades (hôpitaux-dispensaires), vieillards et incurables.

11. — Réfugiés et sinistrés.
12. — Militaires et marins.
13. — Sociétés provinciales.
14. — Œuvres pour étrangers.

b) L'Union des œuvres catholiques du XVIe

I. — Paroisse Saint-Pierre de Chaillot.
II. — Paroisse Notre-Dame de Grace de Passy.
III. — Paroisse Saint-Honoré d'Eylau.
IV. — Paroisse Notre-Dame d'Auteuil.
V. — Paroisse Notre-Dame de la Miséricorde.
Chapelle de la Mission Espagnole.
Chapelle des Servantes du Saint-Sacrement.

Ordre des renseignements[1].

1. — Adresse, locomotion, etc...
2. — Historique, architecture.
3. — Offices religieux. Catéchismes.
4. — Renseignements généraux. (Baptême, naissance, mariage, etc...)
5. — Associations de piété.
6. — Les œuvres. Les écoles.

Presse

Formalités nécessaires civiles et religieuses. Démarches utiles. Secours individuels. Subventions aux œuvres.

Table des matières.

1. Nous croyons rendre service à nos lecteurs en ajoutant à la nomenclature des œuvres catholiques les renseignements qui suivent.

PRÉFACE

On vit, jadis, la bourgade éclore autour du frêle oratoire rural, et les noms actuels de certains villages, noms de saints ou noms de saintes, attestent qu'à l'origine le sanctuaire fut pour les populations un foyer d'appel ; à son ombre, elles se groupèrent, et se laissèrent civiliser. Là où se dressait une croix, là où se posait un tabernacle, les contemporains de Dagobert ou de Charlemagne survenaient, s'attardaient, se fixaient. Le même phénomène, en notre siècle, qui pourtant se flatte d'être laïque, se renouvelle, çà et là, dans les régions dévastées : pour reprendre le chemin du village qu'a ruiné l'invasion, les habitants, parfois, attendent qu'une charpente d'église y soit réédifiée. Quelques libertés qu'ils prennent en ce qui regarde la pratique religieuse, ils sentent le besoin d'un centre de vie spirituelle, et c'est seulement lorsque cette vie a commencé de se ranimer qu'ils ramènent volontiers leurs tentes dans le vaste champ des décombres. On dirait qu'aux yeux des hommes du vingtième siècle la présence de Dieu parmi les ruines marque l'aurore de la résurrection, de même qu'au lendemain des invasions barbares elle préludait à de nouvelles agglomérations humaines.

Les vieilles chroniques locales et le spectacle de nos régions dévastées nous donnent ainsi la même leçon d'histoire ; et cette leçon nous atteste un lien très profond, très intime, entre la paroisse et la cité, ou bien entre la paroisse et le quartier.

Voici qu'aujourd'hui s'ébauchent, à Paris, certaines initiatives, qui sanctionnent ce lien, et qui même le resserrent : j'en ai la preuve, très éloquente, dans le répertoire-annuaire que vient de publier, pour le seizième arrondissement, **l'Union des Œuvres Catholiques**. Ce répertoire précise et multiplie les points d'attache entre cette **Union** strictement confessionnelle et la vaste *Union centrale des Œuvres*, créée en 1914 par la mairie de l'arrondissement.

Serait-ce un paradoxe de parler — une fois n'est pas coutume — des fruits de la Grande Guerre en matière de charité ? Auparavant, entre les innombrables œuvres qui se proposaient de faire le bien, l'émulation souvent dégénérait en concurrence ; et c'était grand dommage pour l'organisation de la bienfaisance, pour la coordination des efforts, pour la fécondité collective des bonnes volontés. L'appel des détresses créées par la guerre, et l'esprit d'union sacrée qui accueillit cet appel, amenèrent d'heureux changements : une impulsion, chaque jour plus pressante, porta les diverses œuvres à se comporter en collaboratrices. Elles se rencontrèrent à la mairie ; elles y causèrent, elles y tinrent des colloques où s'échangeaient les impressions, les expériences, les conclusions. Des fonds arrivaient, apportés par des donateurs, parfois anonymes, pour remédier aux misères : la mairie, avec ces fonds, subventionnait les œuvres les plus indigentes, ou les plus sollicitées. Des misères se présentaient : on les classait, on les répartissait, on expédiait chacune à l'œuvre qui paraissait le plus susceptible d'attribuer un secours ; on aidait cette œuvre, s'il le fallait, pour la libérer un peu du fardeau nouveau que lui apportait cette nouvelle et douloureuse clientèle. L'*Union centrale des Œuvres* était présidée par le maire de l'arrondissement, mais l'un des curés était vice-président : la composition même d'un tel bureau symbolisait la convergence active, efficace, sincère, de toutes les bonnes volontés.

Or il advint que, sous le toit de la Mairie, les œuvres catholiques apprirent à se mieux connaître entre elles que jamais auparavant elles ne s'étaient connues. A la faveur d'un contact assidu, les petits sentiments d'inconsciente âpreté qui parfois dressent vis à vis l'une de l'autre — je ne veux pas dire : l'une contre l'autre — certaines œuvres également éprises du bien, s'atténuèrent et puis capitulèrent ; et toutes les œuvres catholiques de l'arrondissement éprouvèrent le besoin de se grouper, en une sorte de rendez-vous permanent, dans une *Union*. C'est en février 1922 que fut réalisé ce beau rêve d'harmonie, qui était en même temps un rêve d'action.

Tout de suite l'*Union centrale des œuvres* et l'*Union des œuvres catholiques* se sont réciproquement secondées. Celle-là demande à celle-ci des renseignements sur tout ce qu'elle peut mettre de disponibilités à proximité des misères; celle-ci fait connaître à celle-là les services que la mairie peut rendre aux œuvres catholiques pour accroître, au bénéfice de tous, leur rendement social. Et voilà certes un fait très neuf, digne d'attention, digne d'imitation ; voilà l'exemple d'un groupement confessionnel qui au lieu de faire acte d'isolement, de sécession, j'allais dire de bouderie, puise dans son caractère même une force nouvelle pour se mêler à la vie collective de la charité locale, et pour prêter à cette vie collective le concours de toutes les énergies catholiques. La personnalité religieuse de ce groupement le distingue sans le séparer ; ce « quant à soi » qu'il revendique ne vise point à le détacher de la vaste besogne d'altruisme que poursuivent, sous le toit de la mairie, toutes les œuvres les plus diversement étiquetées. Il y a là une sorte de réalisme social, qui s'affirme et qui s'impose ; il prévaut, à la satisfaction de tous, sur certaines conceptions qui un instant parurent exiger que l'idée religieuse, pour être accueillie par la cité laïque comme une ouvrière de bien, dépouillât ou voilât son authentique physionomie ; de toutes parts, l'élan des cœurs a fait taire les susceptibilités un peu chicanières qui font généralement escorte aux intransigeances d'une logique trop abstraite.

La publication d'un *Annuaire* comme celui qu'édite l'*Union des Œuvres catholiques* ratifie cette précieuse nouveauté : la vie civique, la vie charitable, la vie des paroisses, ont chacune leur place dans l'*Annuaire*. Tout ce qui, pour un rôle social, a pignon sur rue dans le quartier, y figure à sa place, en son rang. Les paroisses y apparaissent comme de magnifiques organisations d'initiative, qui apportent leur concours à l'ensemble de la vie sociale. Le sacerdoce a cessé d'être une fonction d'Etat ; il demeure, et même il devient plus pleinement, plus allégrement, une fonction sociale, dont les titulaires sont accueillis, à la Maison commune de l'arrondissement, par un maire d'esprit bienfaisant, comme les représentants d'une force morale susceptible d'un rôle civique. L'esprit d'union, tel qu'il s'affirme en cet *Annuaire*, n'est point fondé sur l'équivoque et ne se résout point en une timide stagnation : à visage découvert, sans rien masquer ni sacrifier de lui-même, chaque groupement s'attelle à la besogne commune. Les programmes d'ostracisme sont disgraciés ; les devises de fraternité resplendissent.

Georges Goyau,
de l'Académie Française.

APERÇU HISTORIQUE
SUR LE XVIE ARRONDISSEMENT

DE BOULOGNE A AUTEUIL, PASSY ET CHAILLOT, A TRAVERS LES AGES

Aux lecteurs de la *Documentation du XVIe*, nous nous plaisons à faire connaitre, en quelques lignes que nous dicte l'histoire, la naissance et la vie de ce pittoresque et gracieux coin de la Capitale du monde qui, offrant à ses habitants les sources pures de ses eaux renommées sut faire jaillir aussi, du XIIe au XXe siècle, de si fécondes œuvres sociales, charitables et intellectuelles.

La campagne d'Auteuil, les bains et les eaux de Passy attirèrent à travers les âges tant d'illustres personnages, tant de grandes dames spirituelles, tant de hauts et puissants seigneurs, tant d'écrivains, tant d'artistes, qu'ils méritent que nous parcourions les premiers paysages de ce qui devait devenir un jour le XVIe arrondissement.

Un demi-siècle avant l'ère chrétienne, la Seine est majestueuse. Ses eaux couvrent la plaine et transforment en marécages les terres basses en amont et en aval de la Cité. Ce panorama est couronné par les plateaux cultivés et le cercle des collines qui s'étend depuis la crête de Belleville jusqu'au dernier saillant d'Auteuil.

Un grand cours d'eau descend de la montagne boisée de Ménilmontant, pour se jeter dans la Seine au bas de Chaillot; sur la rive gauche, les marais s'étendent jusqu'à Grenelle et au delà. La Seine, en cet endroit, se divise en deux branches et forme une île très longue englobée depuis dans la terre ferme et dont le petit îlot des Cygnes est aujourd'hui le dernier vestige.

Cette île de Grenelle, en 52 avant J.-C., Labienus, le fameux lieutenant de César, campé sur l'emplacement de ce qui devait être Passy, l'utilise pour faire franchir la Seine à ses autres légions et attaquer les Parisii, commandés par Camulogène et retranchés sur le mont Lucotitius (le Panthéon actuel); Camulogène se fait tuer à la tête de ses guerriers, les Parisii doivent se soumettre. C'est la première prise historique de Paris.

La Gaule conquise, Lutèce prend aussitôt une très grande importance. Des villas agricoles se construisent alentour, et c'est à l'une d'elles, la villa de Paccius, que des étymologistes audacieux voudraient faire remonter le nom de Passy. Il est plus simple de supposer qu'à ce moment une colonie romaine se forme sous le nom de Nimio, sur les bords de la Seine, en bas du Trocadéro actuel. Elle constituera le premier centre habité de nos parages, celui de Nigon ou Nigeon.

Ce n'est que plus tard, au temps de nos premiers Capétiens, que les renseignements se préciseront. Sous la dynastie précédente les arbres couvraient encore toute notre région, formant de hautes et sombres futaies où les Druides longtemps célébrèrent leurs mystères.

Après avoir été habité aux temps préhistoriques par le renne et l'auroch, notre Bois de Boulogne où l'on ne tue même plus de lapins, était peuplé alors de buffles, de bisons et de tigres (je me suis laissé dire que notre Passy en possédait encore un). Des bêtes fauves, d'ailleurs, y séjourneront jusqu'au XVIIIe siècle. Louis XVIII y viendra tuer des loups. En 1732, un sanglier y met fin aux jours de M. de Melun. Sous la Restauration, on y chassera encore des chevreuils et des daims qui laissèrent quelques descendants aujourd'hui apprivoisés. Tels furent les premiers habitants du XVIe arrondissement.

C'est au début du XIIe siècle qu'on découvre les premières traces indiscutables d'une agglomération régulière d'habitants. En l'année 1114, la *Chronique de Saint-Denis* signale officiellement l'importance du modeste bourg des Menuls, des menus, constitué sur les bords de la Seine, à la lisière de la forêt, par des bûcherons. Ces menuls deviendront un jour Boulogne-sur-Seine.

Ces bûcherons peu à peu défrichent le terrain, se font cultivateurs et, parvenus aux côteaux d'Auteuil, y plantent de la vigne avec succès. Au temps d'Abailard les escholiers, ses disciples, se font servir au Mont Sainte-Geneviève du vin du petit clos d'Auteuil. Bientôt les crus de Chaillot et de Passy se révèlent à leur tour.

A la fin du XIIe siècle, les Chaillotins possèdent déjà une petite chapelle. Vers le même temps, la grande Abbaye du Bec, près de Rouen, possède des terres à Auteuil ; d'autres monastères se fondent et les rois de France s'installent en plein Passy. En 1312, un édit de Philippe-le-Bel est daté de Passy ; la tradition voudrait que le château de Philippe fût situé au point culminant de la rue la Tour actuelle et l'on chercherait même à retrouver les traces de la Châtellerie des Valois dans une vieille tour que l'on voit encore au 86 de cette rue.

C'est au séjour de Philippe-le-Bel à Passy qu'il faut rattacher l'histoire — ou la légende d'Arnaud Catelan.

Arnaud Catelan, troubadour fameux, vivait à la cour de Béatrix de Savoie vers l'an 1300. Philippe-le-Bel ayant entendu vanter cet incomparable chanteur, pria la comtesse de Provence de le lui prêter une saison, ce qu'elle s'empressa de faire en le chargeant de remettre au roi de France, un présent de vin doux et de parfum d'Orient. Philippe-le-Bel habitait sans doute à ce moment son château de Passy, car il fut bientôt avisé qu'Arnaud Catelan était arrivé sur les confins de la forêt de Rouvray et priait, comme elle n'était pas sûre, qu'on lui envoyât une escorte pour la traverser. Un capitaine des gardes lui fut dépêché avec des hommes d'armes, mais ils revinrent bientôt en disant qu'ils avaient traversé toute la forêt et passé la Seine, sans trouver le troubadour. On chercha encore et on l'attendit en vain. Cependant, on fut fort surpris, à la Cour, des parfums délicieux que se mit à exhaler le capitaine des gardes ; de leur côté, les hommes de l'escorte se livraient à des beuveries de vins inconnus. Le Roi, soupçonneux, employa aussitôt les moyens de persuasion en usage à cette époque. Il fit mettre nos gaillards à la question et fut vite édifié. Il apprit qu'on avait bien trouvé le troubadour au *rendez-vous*, mais qu'étant du Midi et aimant bien à parler, il avait raconté qu'il apportait de précieux cadeaux pour le Roi. Sur quoi, le capitaine et ses hommes, avec un ensemble touchant, avaient, en traversant un fourré, tué et dévalisé celui qu'ils avaient mission de protéger.

Le corps de l'infortuné Arnaud Catelan fut, en effet, retrouvé à l'un des carrefours de la forêt de Rouvray, et Philippe-le-Bel, après avoir fait brancher tous les meurtriers, fit élever sur le lieu même du crime une croix en souvenir du chanteur de Béatrix.

Les destructeurs de légendes ont prétendu que la Croix Catelan ne perpétuait, en réalité, que la mémoire d'un certain Théophile Catelan, capitaine des chasses du bois de Boulogne et propriétaire du château de la Meute ou plutôt la Mute, qui plus tard devint le château de la Muette. Est-ce bien certain? Les ennemis de la légende n'ont oublié qu'une chose, c'est que, sur la pyramide tronquée qui, au XVIIe siècle, remplaça la croix légendaire, on distinguait encore, en 1861, un écu effrité aux armes de Provence. Or, je vous le demande, que signifiaient ces armes, si ce n'est un hommage séculaire, rendu à la comtesse de Provence, protectrice de cet Arnaud Catelan, dont le Pré verdoyant, si cher aux Parisiens et aux Parisiennes, conserve si joliment le souvenir.

Cette forêt de Rouvray si peu sûre au temps de Philippe-le-Bel, ne l'était guère davantage un siècle plus tard. Peu s'en fallut qu'il n'y advint même mésaventure à l'héroïque Du Guesclin qu'au chanteur de Béatrix. Le connétable revenait de Bretagne; pour rentrer dans Paris, allant au plus court, il prit à travers la forêt. Messire Bertrand passa sans méchef avec ses hommes d'armes; mais derrière lui, routiers et coupe-jarrets eurent le front de piller son bagage. En sorte que Du Guesclin fort courroucé, à ce qu'assurent les chroniques de l'époque, aurait dit à son roi : « Sire, c'est vraiment grand dommage qu'à deux heures de votre capitale on ne puisse voyager en sûreté. »

Reconnaissons volontiers que la police du Bois si critiquée de nos jours, était encore moins bien faite du temps de Charles V.

Cette police, un homme pourtant voulut la faire et la fit, en effet. Ce pacificateur fut un barbier, un barbier royal il est vrai, Olivier le Daim ou le Diable, barbier de Louis XI.

Le Roi, dont il était l'homme de confiance, lui avait fait don de la Garenne de Rouvray. Il faut croire qu'Olivier le Daim était grand chasseur, car pour défendre son gibier il donna une telle chasse aux maraudeurs que « oncques depuis, on n'y entendit parler de grosses histoires de brigands ».

A la mort d'Olivier, le domaine passe entre les mains de son compère Coictier, médecin du Roi. Louis XI vient visiter souvent la Garenne de Rouvray et il inaugure lui-même, en personne, le 10 juillet 1469, une église que Coictier avait fait construire aux Menuls. Par un édit du même jour, Louis XI ordonne que la nouvelle paroisse prendra le nom de Boulogne et que le bois qui en dépend portera le même nom.

Voilà notre bois baptisé. C'est donc Louis XI qui a consacré le bois de Boulogne. C'est à ce roi que les habitants du XVIe doivent de jouir d'un si beau lieu de promenade.

***

Parvenus à l'orée des temps modernes, jetons un coup d'œil sur le tableau que présentait notre territoire à la fin du moyen âge.

Auteuil (son nom serait un souvenir du temple des Druides, de l'autel — altarium — qui s'y trouvait alors), Auteuil a été érigé en paroisse en 1192 par Maurice de Sully, alors que les Génovéfains venaient de s'y installer. Ces moines de Sainte-Geneviève s'occupaient beaucoup des malades. Grâce à eux, la réputation de salubrité d'Auteuil se répandra vite et les Parisiens prendront l'habitude d'y venir soigner leur santé.

Les Génovéfains accroissent leurs domaines et se font accorder des privilèges, étendant leur juridiction sur Boulogne, Passy et Chaillot. Ils ont droit de haute, moyenne et basse justice et sur la route qui longe la Seine, au lieu même du Point-du-Jour, se dresse un gibet qui fait concurrence à celui de Montfaucon.

Nous retrouverons tout à l'heure l'abbaye de Longchamp, fondée par la sœur de Saint-Louis, la pieuse Isabelle; l'abbaye des Bonshommes, qui s'étendait des hauteurs de Passy jusqu'à la Seine.

Je note en passant que ce territoire était au XVe siècle un fief breton, un fief des ducs de Bretagne. La femme de Louis XII, Anne de Bretagne, en fit don à des religieux de Saint-François-de-Paule surnommés les Bonshommes. Leur église fut édifiée sur l'emplacement de la rue Chardin actuelle.

Nos Bonshommes appartenaient à un ordre dont les règles étaient fort sévères. Ils devaient s'abstenir de viande et furent donc les premiers végétariens de Passy ; en outre, il leur était défendu de parler, sauf en de rares cas, et enfin, par humilité, ils ne devaient jamais changer de vêtement. Nous verrons pourtant qu'au moins un jour, ou plutôt un soir, il advint que cette règle se relâcha.

Passy tardera longtemps à s'éveiller à la vie communale : mais dès la fin du XIIe siècle, le village de Chaillot commence à se fonder. Deux cents ans plus tard, la Seigneurie de Chaillot fait partie du domaine royal et Louis XI, après avoir accaparé toutes les terres d'alentour, la donne en 1474 au célèbre Philippe de Commines.

***

Le XVIe siècle, furieusement troublé par les guerres de religion, ne pouvait être très favorable au développement d'Auteuil, de Chaillot et de Passy dont on commence pourtant à entendre parler. C'est au Grand Siècle, c'est au siècle de Louis le Grand, de Boileau, de Racine, de Molière, ces hôtes illustres de notre territoire, que la gloire commence pour ce beau coin des environs de Paris où il est déjà de mode de venir prendre les eaux.

Nous sortons de Paris, par le Cours la Reine, du côté de la Savonnerie, et de là nous gagnons le village de Chaillot, où une baleine est exposée sous une tente.

> **Tout le monde ici se promène,**
> **Vers l'hôtel de dame Baleine,**
> **Trois cents pas au-dessus du Cours**
> **Auquel hôtel on voit toujours**

Des carrosses en abondance,
Des dames de belle prestance...

(C'est-à-dire sur la hauteur de Chaillot).

Sur la pente orientale de la colline de Chaillot, voici le château que fit construire la veuve de Henri II, Catherine de Médicis, et qu'habita le fameux maréchal de Bassompierre, celui qui, faute d'un verre adéquat à sa capacité, buvait dans sa botte, laquelle était fort grande. A Chaillot, Bassompierre se signale par de telles excentricités, que Richelieu jugea sage de l'envoyer méditer à la Bastille pendant une douzaine d'années. Cet extravagant personnage nous apprend dans ses Mémoires qu'avant de se laisser enfermer, il avait brûlé six mille lettres d'amour. C'était beaucoup pour un être si corpulent !

Au milieu du Grand Siècle, le château profane du maréchal de Bassompierre est devenu un lieu d'édification, rien moins que le cloître de la Visitation, fondé en 1651 par Henriette de France, fille de Henri IV et reine d'Angleterre.

Vers l'Ouest, le domaine de ce couvent avoisine celui des Bonshommes ; il commence à la colline du Trocadéro qu'on appelle alors la montagne de Chaillot et s'étend en pente jusqu'à la Seine. Les gravures de Pérelle et d'Israël Sylvestre nous le montrent dominé par la butte des moulins de Passy.

De cette montagne de Chaillot, on découvre, nous apprend un contemporain, l'auteur du *Cyrus*, un paysage magnifique. Il décrit comme l'une des plus belles choses qui puissent tomber sous la vue l'« Arrivée à Paris du côté de cette hauteur d'où l'on découvre une vaste plaine au milieu de laquelle passe en serpentant le fleuve » dont « les eaux sont si pures que celles des fontaines les plus vives et les plus fraîches ne les égalent pas. » Reconnaissons humblement que, là encore, les choses ont bien changé depuis le Grand Siècle.

A l'encontre de celui des Bonshommes, cet Ordre des Visitandines est un ordre élégant et de haute éducation. Au couvent de Chaillot la reine Henriette y séjourne longtemps; Mazarin y fait élever ses nièces dont l'une, Marie de Mancini, rêvera un moment de se faire épouser par Louis XIV adolescent. Délaissée, Mlle de la Vallière s'y réfugie à deux reprises. C'est dans la chapelle de ce couvent très à la mode que Bossuet affirme sa réputation d'orateur sacré, en prononçant la belle oraison funèbre d'Henriette de France.

A Chaillot, comme un peu plus en aval de la Seine, à Passy, on aime à *régaler*, ainsi qu'on dit, les dames. Ce sont des lieux où l'on va volontiers se promener en bateau. Ecoutons le batelier.

A Chaillot ! à Chaillot ! allons, un sol chacun !

Mais la femme dédaigneuse :

Nous ne désirons pas être avec le commun.

Et l'homme appuyant :

Nous voulons un bateau pour notre compagnie.
Le batelier « paraît avec son bateau couvert » :

— Monsieur, en voilà un !

Ils montent, et voguent, passent devant les Bonshommes, et abordent pour aller au bois de Boulogne faire leur repas sur l'herbe. Mais au retour, ils faussent compagnie au batelier qui les attendait :

Il faut que mon bateau je ramène aux Bonshommes.
Peut-être en m'en allant trouverai-je quelqu'un.
A Paris! A Paris! allons, un sol chacun!

Cette scène, empruntée à une comédie de 1664, intitulée *Alizon*, nous permet de nous rendre compte que la promenade aux champs — pour les petits bourgeois de Paris, — ressemblait déjà beaucoup, au XVIIe siècle, à ce qu'elle est de nos jours.

Pour se rendre à Passy ou à Auteuil, quand ils ne trouvent pas, comme les modestes héros d'*Alizon*, un bateau de louage, ou quand ils n'ont point un carrosse pour leur usage, les Parisiens doivent prendre le coche d'eau, faisant le service du Pont-Royal au Pont de Sèvres. Ce coche d'eau ne fonctionne d'ailleurs que pendant la belle saison. C'est lui qu'utiliseront Molière et Chapelle.

C'est au XVIIe siècle que l'existence légale de Passy est reconnue. Grâce aux efforts de Messire Claude Chahu, conseiller du roi et trésorier général des finances, et de sa digne femme Christine de Heurles, en mai 1672, Passy devient une paroisse indépendante. A Passy, jusqu'au déclin du XVIIe siècle le manoir des seigneurs féodaux subsiste. Le père Le Moyne, l'auteur du poème de Saint-Louis, nous en a laissé une description datée de 1670 :

Le Passy, d'où je vous écris
Au pied d'un espalier de poires, d'ambres gris,
N'est qu'à deux pas du lit où la Royale Seine
Aux yeux de Paris se promène.

Après Christine Chahu, la terre de Passy deviendra la propriété d'un M. Orceau; M. d'Orsigny en fera l'acquisition et la revendra ensuite à M. de Fontaine, conseiler du roi. Celui-ci fait construire le nouveau château en 1678. C'est un fort beau bâtiment élevé sur le sommet de la colline qu'on découvre de la route de Versailles et qui semble protéger tout le pays, Deux gros pavillons, que sépare un grand corps de logis, se présentent d'abord aux regards. Vient ensuite une chapelle de forme ovale, décorée de pilastres ioniques et dont le plafond forme un dôme éclairé par un lanternon : le tout entouré d'un parc de vingt arpents, y compris le potager.

La seigneurie de Passy se transformera encore en passant dans la famille du fameux Samuel Bernard, le Rothschild de l'époque.

Passy est bien loin d'avoir au XVIIe siècle la vogue qu'il connaîtra au siècle suivant. Ses eaux pourtant sont déjà connues et fréquentées. Dès 1658, une première source minérale a été mise en exploitation par un médecin nommé Le Giore.

***

« Semée d'hôtels agréables d'amour » (ainsi qu'on lit dans une pièce de 1649), la banlieue parisienne se voit dotée, sous le règne de Louis XIV, de ce qu'on appelle les *guinguettes* :

Le dimanche et les lundis
Je cours de guinguette en guinguette,
J'y retourne les mardis
Et mercredis
Et dans ces douces retraites
Je passe aussi les jeudis
Et vendredis,
Amour, serait-ce la peine
D'en sortir les samedis?
Non, comme j'ai commencé la semaine,
Avec Bacchus, je la finis.

Passy a ses eaux et ses guinguettes, mais Auteuil attire et retient le beau monde, celui des honnêtes gens.

Un texte de l'année 1680 nous montre comment, dans « la prairie d'Auteuil », l' « on fait le Cours. »

Nous sommes en automne. Des hommes et des dames de qualité, de Paris, sont venus à la campagne du côté d'Auteuil. Et la prairie de ce village nous apparaît l'après-dîner « remplie de beau monde » à la promenade; les carrosses vont et viennent, tandis que circulent des paysannes vendant des fruits.

Le village d'Auteuil est remarquable, nous rapporte un « contemporain » par la quantité de jolies maisons que plusieurs particuliers ont fait bâtir avec « assez de dépense pour y passer agréablement la belle saison de l'année. »

La saison d'Auteuil, c'est surtout une saison d'automne, la saison des vendanges. Une pièce de 1680 nous montre plusieurs personnes considérables de l'un et l'autre sexes, résolues à aller passer ce temps à une lieue de Paris, du côté d'Auteuil, où se récolte un bon petit vin. Les jours s'écoulent au sein des plaisirs; un soir, la collation est apportée au pied d'une vigne que l'on est en train de vendanger. On arrive en carrosse et, avant de prendre le repas, on se met à la cueillette des raisins, puis, la nuit commençant à tomber, on s'en retourne souper gaiement. Les dames de la cour et de la ville se plaisent aux vendanges, qui sont pour tous une source de plaisirs; pendant que les fêtes se succèdent dans les belles demeures, il y a sous l'orme, des hautbois et des musettes, qui font danser les vendangeurs :

Garçons et fillettes
Aiguisez vos serpettes,
Profitez de l'automne et de votre printemps !
Quand vous serez à l'hiver de vos ans
Adieu paniers, vendanges seront faites.

Auteuil, comme d'ailleurs Neuilly, a également sa saison des bains. « Quelque temps après qu'ils furent mariés (nous rapporte-t-on d'un jeune couple) elle eut une légère indisposition pour laquelle les médecins lui ordonnèrent de se baigner. Elle résolut d'aller à une maison que son mari avait, qui n'était qu'à deux lieues de Paris, proche de la rivière, la saison et le temps étaient propres alors à prendre des bains », et, durant deux mois environ, cette jeune femme fait sa saison de bains de rivière.

Les dernières années du XVIIe siècle voient, d'ailleurs, un développement de la société parisienne à la campagne. A la promenade, aux champs, encore plus qu'à la promenade de la ville, triomphe la Parisienne.

C'est là, en effet, le décor approprié à la vie sentimentale du temps. C'est à travers les beaux promenoirs, dans la nature arrangée, que l'on distingue les formes toutes aimables des bergers et des bergères des Bucoliques, ou que l'on sent l'âme antique des choses.

J'ai nommé La Fontaine. S'il ne fut point propriétaire à Auteuil, il n'en fut pas moins un hôte très assidu de ce charmant village.

Qu'avait-il besoin d'y élire domicile, quand il y était reçu par Mme de la Sablière et par Mme d'Hervart; quand il y venait faire visite à ses amis, Racine, Boileau et Molière, petit groupe étroitement uni, dont le fabuliste était le boute-en-train et auquel s'ajoutait soudain le joyeux Chapelle.

On sait comment, dans sa *Psyché*, La Fontaine a montré les quatre illustres amis « *pèlerinant* à Versailles ».

C'est à Auteuil, dans une petite maison faisant vis-à-vis à celle de Molière, que Jean Racine écrivit ce chef-d'œuvre d'esprit : *les Plaideurs*, dont les vers délicieux sont sans doute les plus beaux vers comiques que possède la scène française.

A cette époque, le vrai patriarche littéraire d'Auteuil, c'est pourtant Boileau, dont le bien est devenu le hameau qui porte son nom. En 1687, l'auteur des *Satires* acheta 8000 livres sa maison d'Auteuil, ni belle, ni laide, dans laquelle un vrai cénacle devait se réunir. Pendant vingt ans, Boileau y vécut, visité et choyé, tenant table ouverte, faisant chaque jour sa partie de quilles et envoyant, en voisin, ses fruits à Mme Racine, pour qu'elle en fît des confitures. « Il est heureux comme un roi, disait de lui Racine, dans sa solitude, ou plutôt dans son hôtellerie d'Auteuil. Je l'appelle ainsi, parce qu'il n'y a point de jour où il n'y ait quelque nouvel écot, et souvent deux ou trois, qui ne se connaissaient pas trop les uns les autres. Il est heureux de s'accommoder ainsi de tout le monde; pour moi, j'aurais cent fois vendu la maison. » Cette maison, Boileau finira par la vendre, mais ce ne sera que quand ses infirmités lui auront rendu la vie plus difficile et la conversation tout à fait pénible.

Ce fut sans doute Molière qui révéla à Despréaux le charme d'Auteuil. Vingt ans avant que Nicolas n'y installât ses pénates, Jean-Baptiste Poquelin y avait une maison de campagne, dont le numéro 2 de la

Grande-Rue d'Auteuil occupe sans doute l'emplacement. M. André Hallays, et tout récemment M. Edmond Pilon, ont consacré à cette demeure des pages élégantes et émouvantes. Sur ce séjour de Molière à Auteuil, les anecdotes ne manquent point. Retenons seulement celles-ci :

Un jour, Molière, assez souffrant, charge son ami Chapelle de le remplacer auprès de ses hôtes.

Bon vivant et meilleur buveur encore, Chapelle remplit son rôle avec une telle conviction que la fin du souper fut d'une gaieté folle. On boit plus que de raison, et même le sage Boileau (il prisait fort le champagne) perd la tête. Soudain la conversation, tout d'abord vive et animée, prend une tournure mélancolique. On parle des misères de la vie. Tant et si bien qu'un des convives propose un remède suprême aux tristesses de ce monde et convie toute la compagnie à s'aller noyer en Seine. Chacun d'applaudir à cette belle idée. On quitte la table avec fracas et tout le monde se hâte vers la rivière toute proche. Molière, réveillé, et qui s'était levé au bruit, rejoint ses amis et, mis au courant de leur résolution, leur dit : « Ce n'est pas au milieu de la nuit que nous devons accomplir une action aussi mémorable. On dira que nous avons agi comme des gens ivres. Croyez-moi, attendons le grand jour, et alors, en plein soleil, à la face du monde entier, nous irons tous ensemble nous jeter à l'eau. »

La chose est donc remise au lendemain. Chacun regagne son lit; la nuit dissipe les fumées du vin, et le lendemain, en effet, Molière n'a nul besoin de s'entremettre à nouveau pour empêcher ses amis d'aller finir leurs jours dans la Seine.

Une autre anecdote nous est narrée par Chapelle,

le fidèle compagnon de Molière. Un jour que tous deux rentrent à Auteuil par le coche d'eau, ils se trouvent en compagnie d'un religieux d'aspect très réservé. La conversation tombe sur les théories de Descartes et de Gassendi; Molière et Chapelle, en complet désaccord, s'animent fort, prenant pour juge leur compagnon de route, chacun faisant valoir ses arguments, et le moine leur répond alternativement par un *Hem* ou un hochement de tête. Les interlocuteurs redoublent d'arguments persuasifs, lorsque, arrivés à l'escale de Passy, le moine prend sa besace de mendiant et se retire sans souffler mot. C'est un minime des Bonshommes, absolument illettré, qui n'a rien compris à la transcendante discussion des deux amis. Sur quoi, Molière tire la morale de l'aventure, en disant à Chapelle : « Voyez ce que vaut le silence, lorsqu'il est observé avec conduite. »

Ce séjour de Molière à Auteuil fut sans doute assez mélancolique. Avec M. Edmond Pilon, nous pouvons croire que l'auteur de *l'École des Maris* y vint rêver autant à ses infortunes d'homme qu'à ses triomphes d'artiste.

De celles-là, il faut dire — et M. Maurice Donnay l'a fait dans une œuvre délicieuse — qu'elles n'étaient pas moins grandes que ceux-ci. « Molière-Sganarelle, Molière-Arnolphe, Molière-Alceste, Molière amant ou mari n'était pas heureux. Alors, comme tous ceux que trouble l'inquiétude, dont le cœur est ravagé de crainte et de soupçon, ce grand homme aimait parfois à s'enfuir de Paris, à se réfugier à la campagne, cette campagne d'Auteuil que son ami Boileau devait rechercher et goûter de son côté. Mais tandis que, dans son jardin bordé « d'if et de chèvrefeuille », le sévère Boileau, sarcastique, railleur, un peu sourd, n'aspirait pas à un bonheur plus grand que celui de jouer aux quilles ou d'écrire contre les femmes, c'était à des pensers plus doux et plus amers ensemble que se laissait aller ce Poquelin, qui avouait lui-même à Chapelle qu'il était né « avec les dernières dispositions à la tendresse ». Ainsi, sous ces ombrages d'Auteuil, que devaient rechercher plus tard, jusqu'aux temps de Franklin et de Mme Helvétius, tant d'hommes spirituels ou de femmes charmantes, Molière venait chercher une diversion et un oubli aux chagrins que lui valait la conduite d'Armande.

« Au moment où prennent fin les fêtes du tricentenaire de notre plus grand auteur de théâtre, écrivait ces jours-ci M. Edmond Pilon, il est bien, il est bon de s'arrêter un peu devant ce banc d'Auteuil où Molière aimait à venir rêver, à s'attendrir. Le jardin de Molière, ce n'est pas celui de La Bruyère où poussaient toutes les espèces de tulipes, ni celui de Mme de La Fayette où il y avait un pavillon ménagé pour les soupirs, et non plus ce n'était pas le jardin bien taillé de Boileau, le jardin de Margot de La Fontaine, où « poussent l'oseille et la laitue ». C'était un jardin bien particulier, un peu sombre, avec un banc moussu, du repos, du silence, tout ce qui convient à un cœur misanthrope.

Avant Molière et Racine, avant La Fontaine et Boileau, le village d'Auteuil avait compté un hôte non moins illustre : le cardinal de Richelieu, qui y fit construire, sur l'emplacement de l'actuelle rue Erlanger, le château du Coq, ainsi nommé parce que dès le chant du coq, le cardinal avait coutume de se lever et de s'occuper des affaires du royaume.

Le château de la Meute, ou mieux de la Mute (par allusion à la mue des cerfs), n'est encore qu'un pavillon de chasse, celui-là que créa le caprice cynégétique de Charles IX, la Mute qui, bientôt — sans doute pour marquer la discrétion du lieu — va s'appeler la Muette.

Aux confins du Bois, vers Neuilly, Madrid, le beau Madrid de François Ier est fort négligé. Louis XIII l'a utilisé également comme rendez-vous de chasse. Sous la Fronde, le conseiller Broussel y fut enfermé et, par la suite, l'industrieux Mazarin a installé dans cette résidence royale — ô décadence! — les premiers métiers à tisser les bas de soie. Où sont les fantômes de François Ier et de ses belles amies, ceux d'Henri II et de Diane de Poitiers, de Charles IX et de Marie Touchet, de Henri III, qui donna au château de Madrid de grandes courses de taureaux, de Henri IV, de la belle Gabrielle et de la fameuse reine Margot, à laquelle nous devons cette belle avenue du Bois, qui porte son nom, et qui va de la porte de Madrid à Boulogne?

Le Bois de Boulogne sert à divers usages. C'est, d'abord, un parc royal destiné à la chasse. Le petit roi Louis XIII y va « courir le loup », le 15 décembre 1610, et en prend deux. Nous l'y voyons se livrer à une chasse plus paisible, le 28 mai 1614 : il tire et tue des oiseaux, entre autres un loriot et une orfraie. Nous y retrouvons, dans les mêmes circonstances, le jeune roi Louis XIV.

Le Bois de Boulogne est aussi, comme de nos jours, un terrain de revues militaires et de courses de chevaux.

La physionomie du Bois, en tant que promenade, se précise sous Louis XIV. « Ce bois, rapporte Nemeitz à la fin du règne, est souvent visité, principalement les dimanches et fêtes, et il s'y fait « beaucoup de parties de plaisir ».

Une comédie de Mongin, intitulée *les Promenades de Paris*, et jouée par les comédiens italiens à l'hôtel de Bourgogne, en 1695, nous présente, sous cet aspect particulier, le Bois de Boulogne. Un homme de robe y donne une collation à une jeune fille de qualité, fort coquette et qu'il se propose d'épouser :

Le Bois de Boulogne est discret
Et l'on aurait bien de quoi rire
Si ses échos et ses oiseaux
Chantaient et redisaient ce qu'ils entendent dire.
Mais tout se tait sous ses ormeaux,
Et ce que tous les jours un chacun leur confie
Marque assez qu'il faut qu'on s'y fie.

. . . .

Comtesses et marquises,
Du fiacre sont tellement éprises,
Qu'elles quittent des chars tirés à six chevaux
Pour s'en venir en fiacre ici, sous ces ormeaux.

Discrètement, elles montent dans la voiture de louage aux Quinze-Vingts, à l'Arsenal. Le fiacre (on appelle de ce nom le cocher aussi bien que sa voiture), à son tour, est discret :

On me paye ici pour garder
Et les manteaux et le silence.

Et c'est ainsi que s'accomplit ce qu'on appelle alors, non moins discrètement, « un mariage du Bois de Boulogne ».

***

Mesdames, messieurs, ne quittons point le Bois,

où, dès le matin, il est si doux, au printemps, de se promener.

Seulement, vous, mesdames, et vous aussi, messieurs, rejetez la défroque majestueuse du Grand Siècle; mesdames, la chevelure à l'*hurluberlu* ne saurait vous convenir trop longtemps; confiez votre tête à Léonard pour qu'il vous la coiffe à l'*Iroquoise* ou à *la Belle-Poule* et poudre à frimas ces échafaudages compliqués; Mlle Leblanc, marchande de frivolités, vous passera une jupe aux grands paniers enguirlandés de fleurs des champs, une veste à basquines, et, crainte du serein, posera sur la neige prématurée de vos cheveux un chapeau bergère, et, sur votre gorge, un fichu à la Dauphine; et vous, messieurs, non moins poudrés, le catogan battant sur la veste à la française en soie rayée et chinée, vous évoquerez les charmantes estampes de Lawrence et de Moreau le Jeune.

La Semaine sainte n'est pas loin de nous. C'est le moment de gagner Longchamp avec toute la cour et toute la ville.

La Révolution fera disparaître les derniers vestiges de l'Abbaye célèbre. fondée en 1260 par la pieuse Isabelle, sœur de saint Louis.

Au XVIIIe siècle, l'office du Vendredi saint, l'office des Ténèbres, à l'abbaye de Longchamp, est devenu un tel spectacle que l'archevêque de Paris doit fermer la chapelle. Après Fontenoy, tout le monde accourt pour entendre chanter Mlle Le Maure, de l'Opéra, qui, dans un désespoir d'amour, a pris le voile à l'Abbaye. La chapelle pourra bien être fermée; l'habitude est prise, dès les premiers beaux jours, Parisiennes et Parisiens s'en iront à Longchamp. Cette promenade fameuse qui se perpétuera jusqu'à nos jours, prend peu à peu les allures d'une exposition de modes nouvelles.

Sous Louis XVI, cette fête des toilettes printanières atteint son apogée d'extravagance. Les dames de qualité et les femmes de théâtre rivalisent de folie. On admire des carrosses en porcelaine, attelés de chevaux harnachés de soie et d'or ; un Anglais y parade dans une voiture d'argent, rehaussée de pierres précieuses.

« Une des choses qui, à Paris, devaient le plus m'étonner, écrit le baron Thiébault dans ses *Mémoires*, et qui me frappèrent de la manière la plus vive, ce furent les promenades de Longchamp, dont l'origine fut si édifiante, dont la suite fut si scandaleuse.

« On ne peut plus se faire une idée de ce que furent ces promenades pendant les dernières années qui précédèrent la Révolution. Tout ce qu'une ville immense, une cour brillante et somptueuse, de grandes fortunes et des prodigalités qui n'étaient limitées que par l'impossibilité de les dépasser, tout ce que la rivalité des peuples les plus riches, la mode d'un peuple le plus fou, pouvaient enfanter et produire de plus magnifique en ce genre, se trouvait là. Ce qui était beau y paraissait vulgaire, ce qui était simple y excitait des huées...

« Si l'on admirait les calèches des princes et de la reine, les équipages de quelques grands personnages français et étrangers, il n'en est pas moins vrai que tout cela le cédait à l'extravagante recherche de quelque Phryné. Je me rappelle à ce sujet, mais sans rien savoir des détails, si ce n'est que les jantes des roues étaient en flèches, une calèche bleu de ciel, sur laquelle et à travers de légers nuages voltigeaient des amours; calèche montée par deux femmes, éblouissantes de parure et de beauté, et traînée par quatre chevaux isabelle, queue et crinière blanches, tout harnachés en argent ciselé ou en broderies d'argent, les rênes y comprises. »

Le baron Thiébault rapporte que la promenade de Longchamp jouit, jusqu'en 1789, d'une vogue de plus en plus extraordinaire. Elle perd alors de son éclat pour s'éteindre à peu près complètement pendant la Terreur.

C'est seulement sous le Consulat qu'elle reprend un peu de vie. Mmes Récamier et Tallien en seront les nouvelles reines et s'y disputeront le prix de l'élégance, de la beauté et de la fortune.

Dès lors, ces « fêtes » de Longchamp resteront la grande cérémonie d'ouverture des modes de l'année. Il est assez piquant de voir résister si longtemps et à tant de bouleversements, un usage aussi frivole, dont le but apparent, la promenade aux offices, n'existe plus.

Les *J'ai vu* de Millevoye, sont une vive impression de Longchamp en 1801 :

J'ai vu cette brillante fête,
Fêtes des grâces, des amours,
Que trois mois d'avance on apprête
Et dont on s'occupe trois jours.
J'ai vu la foule confondue
Revenir au déclin du jour...

Plus tard encore, dans ses *Lettres parisiennes* Delphine Gay (Mme de Girardin) donnera de la promenade à Longchamp, un rapide croquis, tel un défilé de Sem. C'est le 17 avril 1840 :

« Six heures du soir. Nous revenons de Longchamp; c'étaient de véritables Champs-Elysées! Des ombres errantes traversaient à pas lents des nuages de poussière. La vision pour nous a duré une heure. Première apparition : un prince russe à quatre chevaux. Seconde apparition : une dame bleu de ciel, robe décolletée, écharpe iris, ombrelle chinée, un milord découvert (car il y avait peu de lords, mais beaucoup de milords). Troisième apparition : une célèbre étrangère à quatre beaux chevaux avec courrier, postillons et voitures de suite. Quatrième apparition : un fiacre tout neuf, du meilleur goût, n° 518. Cinquième apparition : calèche découverte à quatre jolies femmes; une capote vert-pomme délicieuse, une autre paille et velours adorable. Sixième apparition : voiture prétentieuse, livrée fantastique, cocher nègre. Septième apparition : une tapissière, toutes voiles déployées, contenant des passagers innombrables : pilote cramoisi. Huitième apparition : cavalcade d'élégants; chevaux de pur sang : cheveux et barbe poudrés. Neuvième apparition : douze voitures de briquets phosphoriques. Dixième apparition : une belle femme avec un joli enfant dans une calèche anglaise. Onzième apparition : un landau peuplé de chiens et de manchons, chenil roulant... Douzième apparition : une grosse femme en grand deuil riant aux éclats dans un cabriolet de louage... Et tous les badauds revenaient disant : « Jamais Longchamp n'a été plus beau que cette année! »

C'est la phrase ancienne et toujours nouvelle, c'est la ritournelle des gazettes de nos jours; elle ne s'applique plus au Vendredi saint, mais aux journées du Grand-Steeple ou du Grand Prix de Paris. Mais, hélas! si pour quelques-uns, fidèles à de vieilles traditions, il y a encore des obligations et des usages dans la tenue, pour le plus grand nombre c'est le laisser-aller, la liberté, et tout finit dans la cohue.

De Longchamp, comment ne pas revenir par Bagatelle, qui, après avoir appartenu à Mlle de Charolais, devient, en 1775, la propriété du comte d'Artois. Bientôt s'y élève le petit casino de Belanger qu'à heureusement sauvé la ville de Paris et les jolis jardins anglo-chinois, qu'ennoblit, au milieu d'ombres profanes, le délicat fantôme de Marie-Antoinette.

En pleine Terreur, un décret de la Convention, proposé par Couthon, au nom du Salut public, assure la conservation de Bagatelle.

Des entrepreneurs de réjouissances publiques y installent des jeux, un bal, des guirlandes de lumières.

Bagatelle est le rendez-vous des « brillants cavaliers », écuyers charmants à « cadenettes et oreilles de chiens », qui viennent fronder et soupirer après le retour du roi. L'héritier, qui a formé avec trois associés une société pour l'organisation de ces fêtes, s'évertue à trouver des distractions nouvelles, des illuminations, des cortèges, et tout ce qui peut servir de prétexte à d'agréables promenades, dans la nuit des bosquets.

Durant la tourmente terroriste, les fourrés du bois ont sauvé bien des malheureux.

Au fort de la Terreur, le représentant du pape, l'abbé de Salomon, l'internonce promis à l'échafaud, échappé par miracle aux massacres de l'Abbaye, se réfugie « dans la partie la plus écartée du bois » et s'y cache « la mort dans l'âme et pas un sou dans sa poche ». En carmagnole, les habits en lambeaux, la barbe longue, muni d'un petit fourneau et d'une casserole, il vit de « légumes cuits sur un feu de brindilles ou de feuilles sèches » couchant « tantôt dans un kiosque abandonné où les habitants de Boulogne venaient danser le dimanche » tantôt sous bois, du côté de Bagatelle, près de la pyramide, non loin du château de Madrid, « où j'étais venu bien souvent, écrit l'abbé, du temps que M. de Rosambo l'habitait »; « et il me semblait, ajoute-il, que chacun de ceux que je rencontrais lisait sur mon visage que j'étais hors la loi et allait courir me livrer au bourreau ».

D'autres souvenirs moins tragiques nous ramènent vers le Ranelagh et vers la Muette. La grande époque de la Muette date de la régence et du séjour qu'y fit la fille de Philippe d'Orléans, cette étonnante duchesse de Berry, que les poètes contemporains comparaient à Messaline.

Les excès de toutes sortes, dont le château fut alors le témoin, ne lui valurent pas une excellente réputation. Ne prétend-on pas que la fille du régent alla jusqu'à faire installer un alambic dans les caves de la Muette, pour y distiller les eaux-de-vie enivrantes dont elle faisait ses délices?

En 1717, le czar Pierre le Grand visite le château; plus tard, Alberoni, ministre d'Espagne, tente d'enlever le régent en plein Bois de Boulogne, tandis qu'il se rend de Saint-Cloud à la Muette. On sait que l'aventure se termina mal pour Alberoni, qui fut enfermé à la Bastille.

A la mort de la duchesse de Berry, qui aimait les jours rapides et les nuits longues, si bien que son printemps n'eut pas d'été, le régent donne la Muette à Louis XV, qui l'agrandit. De vastes dépendances s'élèvent autour du château; une laiterie, une orangerie, une faisanderie, dont une de nos rues indique l'emplacement. C'est à la Muette que Louis XV — et la Du Barry — reçoivent Marie-Antoinette, lorsqu'elle arrive à Paris pour épouser le Dauphin.

C'est à la Muette qu'a lieu la première ascension en ballon. Pilâtre de Rozier et le marquis d'Arlandes s'élèvent en montgolfière, le 21 octobre 1783, devant Louis XVI, le duc de Chartres, Franklin, et une population stupéfaite. Les audacieux aéronautes atteignent une altitude d'environ mille mètres et tiennent l'air un quart d'heure, ne disposant que d'un simple feu de paille pour assurer leur force ascensionnelle, après quoi, ils atterrissent heureusement à l'autre bout de Paris, à la Butte-aux-Cailles.

Il est surprenant de voir combien d'expériences se déroulèrent sur les pelouses de la Muette.

L'une des innovations qui se rattachent à l'histoire de la Muette remonte au XVIIe siècle.

Dans le journal de Dubuisson-Aubenay, on lit, en effet, que le 15 mai 1651, il y eut prix et gage de mille écus pour course de chevaux au Bois de Boulogne entre le prince d'Harcourt et le duc de Joyeuse, le départ et l'arrivée devant avoir lieu à la barrière de la Muette. Ce fut le duc de Joyeuse qui gagna l'épreuve, « devant force gens de la Cour qui y assistaient ».

Ainsi la première course française remonte à l'année 1651, et le chroniqueur ajoute que le prince d'Harcourt fit la course vêtu d'un habit fait exprès et très étroit, un bonnet en tête, très juste, et ses cheveux dedans, ayant trois livres de plomb en sa poche, ce qui veut dire tout simplement que le prince portait un habit de jockey.

C'est au château de la Muette également que se

fit devant le roi, en 1722, le premier essai de fusil à répétition. Ce fut un nommé Deschamp, devenu plus tard directeur des manufactures de Saint-Etienne qui montra au jeune Louis XV un fusil avec lequel on pouvait tirer quarante coups en un quart d'heure. De fait, Deschamp réussit à en tirer vingt coups en cinq minutes, ce qui est un record pour l'époque.

Une autre expérience eut lieu encore au château de la Muette. Buffon aurait tenté d'y perfectionner la vieille expérience des miroirs d'Archimède. Notre grand naturaliste, qui était à l'occasion physicien, se servit de fortes lentilles de verre pour mettre le feu à distance au moyen des rayons solaires.

Louis XVI et Marie-Antoinette, encore dauphin et dauphine, affectionneront cette résidence royale. C'est Louis XVI qui fera ouvrir en tout temps les portes du Bois de Boulogne, interdites au public, lorsque le roi séjournait à la Muette. Grand sujet de liesse pour la population parisienne ; la mode s'en mêlant, les dames de qualité adoptent la pelouse de la Muette comme lieu de promenade.

Le Ranelagh, lui aussi, est à l'honneur. Cette belle pelouse ombragée d'arbres magnifiques a longtemps servi pour les fêtes de la population.

On y venait danser en plein air et Jean-Jacques Rousseau nous raconte que La Popelinière y jetait de l'argent aux paysans qui se ruaient pour le ramasser.

Lorsque Marie-Antoinette séjourne à la Muette, les dames de la cour ne dédaignent pas d'organiser des bals champêtres. Un sieur Morizan obtint l'autorisation de créer un salon de danse sur la pelouse, qu'il appelle le *Ranelagh*, du nom d'un établissement similaire à Londres. Le 25 juillet 1773, Marie-Antoinette en assure le succès, en assistant à l'inauguration de la salle. Le 21 avril 1780, la reine, logeant au château de la Muette, avec Mme de Polignac, ne dédaignera pas encore d'aller danser au Ranelagh et, ce soir-là, la recette sera de 627 livres !

La vogue du Ranelagh complète celle des eaux de Passy.

Hélas ! la tourmente est proche. Aux noces royales succèdent les agapes fraternelles de la Fédération. Le 14 juillet 1790, les jardins de la Muette sont envahis par vingt-cinq mille soldats-citoyens, qui viennent prendre part au banquet que leur offre la Ville de Paris. Ce beau jour a un triste lendemain, et le château de la Muette, attaquée par une bande furieuse échappée des faubourgs de Paris, perd une grande partie de ses royales constructions.

Le Ranelagh devient un lieu de rendez-vous des patriotes, puis des muscadins, après Thermidor. On ne danse plus, on complote. L'établissement est fermé. Trenitz, le célèbre danseur, le fait rouvrir.

Les merveilleuses: Mme Tallien, Mme de Beauharnais, Mme Récamier en assurent de nouveau le succès. Sous l'Empire, Morisan y donnera des fêtes militaires. Il mourra au bon moment, car peu de jours après sa mort, les cosaques y viendront bivouaquer sur ses pelouses, et ses salons seront convertis en écurie, en hôpital et en « salles de correction ».

Une autre résidence — le château du Coq — dont nous avons déjà parlé tout à l'heure — et qui, après la mort de Richelieu devient propriété royale, disparaît avec la Monarchie, On y installa, pour le jeune Louis XV, des serres où l'enfant-roi pouvait apprendre la botanique. Il y apprit toute autre chose et il ne fallut rien moins, sous Louis XVI. que la sainte présence de Mme Élisabeth, sœur du roi, pour purifier cette demeure peuplée de souvenirs fort peu édifiants.

Pour Auteuil, comme pour Passy, le XVIIIe siècle est une grande époque.

Autour des Génovéfains et du château du Coq se sont formées de belles propriétés particulières. Ici le domaine de Boufflers, dont le parc fait face à l'entrée du château du Coq, et qui fut en France, un des premiers plantés à l'anglaise.

Une première comtesse de Boufflers fut célèbre sous Louis XV. Elle faillit épouser le prince de Conti ; admiratrice fervente de J.-J. Rousseau, elle sut réunir autour d'elle une pléiade d'hommes de talent, parmi lesquels l'Anglais Walpole.

Sa belle-fille brilla à la Cour de Marie-Antoinette et fut non moins connue par l'éclat de sa beauté; emprisonnées toutes deux sous la Terreur, leur fortune fut compromise à un tel point que leur propriété fut saisie et vendue.

Morcelé depuis, il ne reste du magnifique parc de Boufflers que la villa Montmorency.

En face de l'hôtel de Boufflers, s'élevait et s'élève encore derrière un cinéma, l'hôtel de Verrières. Après l'avoir fait bâtir, une actrice, Mlle Autier, l'avait cédé à ses sœurs, Mlles de Verrières, chanteuses d'opéra, que protégeaient le marquis du Châtelet et le maréchal de Saxe. Celles-ci, femmes tout à fait spirituelles, firent construire dans l'hôtel un petit théâtre d'amateurs qui attira la Cour et la Ville. Dans le jardin qui existe toujours, de charmantes fêtes champêtres terminaient les représentations.

Ces demoiselles de Verrières, dont l'une fut

l'arrière-grand'mère de George Sand, devinrent très charitables dans leur vieillesse et laissèrent de vifs regrets à leur mort. L'hôtel traversa la Révolution, et, restauré avec beaucoup d'art par ses propriétaires actuels, le duc et la duchesse de Camastra, il nous est arrivé intact, alors qu'il ne reste que le souvenir des autres fastueuses demeures, ses voisines.

C'est encore à Auteuil, dans un petit hôtel contigu au château du Coq, que se trouvait l'un des salons les plus célèbres du règne de Louis XVI — celui de Mme Helvétius. Dans ce salon, tout ce que la capitale comptait de philosophes, d'écrivains, d'érudits se réunissait. C'est là sans doute que la Révolution de 89 a trouvé ses premières formules. La veuve de l'auteur du livre *De l'Esprit*, était d'ailleurs d'une bienfaisance inépuisable et elle souffrait beaucoup de voir comment les événements et les hommes avaient pu dénaturer sa pensée généreuse. Mme Helvétius s'éteignit dans son petit hôtel d'Auteuil avec le siècle.

Une grande amie de Mme Helvétius fut Mme de Condorcet. Devenue veuve, ses biens saisis, elle se réfugia à Auteuil, où elle mourut en 1822.

Mme Récamier, elle aussi, séjourna à Auteuil, dans l'ancienne maison de Racine, dont l'ombre dut frémir à la vue d'une beauté si touchante.

La Tour, familier du château de Boulainvilliers, loua en 1750 une maison de campagne donnant sur l'emplacement du n° 59 de la rue d'Auteuil, c'est-à-dire tout proche de l'hôtel de Verrières. Ne soyons donc point surpris qu'il ait peint le beau portrait du maréchal de Saxe dans cette maison qu'il acquit en 1770.

Chamfort, Ducis, Cabanis vécurent, eux aussi, à Auteuil, dont l'eau de la fontaine (de là le nom de la rue de la Fontaine) était si appréciée, si réputée que Louis XV et Louis XVI résidant à la Muette, n'en voulaient point boire d'autre.

*
* *

Mais au XVIIIe siècle, les eaux célèbres, les eaux qu'on vient prendre durant toute une saison, ce ne sont point celles d'Auteuil, mais bien celles de Passy,

En 1719, l'abbé Le Rageois, ex-aumônier de Mme de Maintenon, a découvert une nouvelle source. Il l'acquiert de M. de Lauzun, lequel, après son veuvage, s'était retiré à Passy. Le bon air et la mode s'en mêlant, on convient que ces eaux guérissent de tous les maux. — D'autres sources sont découvertes et, vers 1736, on nomme un directeur des principales eaux minérales de Passy, le sieur Belamy qui multiplie les divertissements, fait fleurir des parterres de roses, édifie une vaste maison avec salons de conversation et de lecture, et prend encore le soin d'ajouter à cette riche construction des salles de jeu, des salles de bal et un théâtre.

En 1724, Carlet fait jouer un opéra-comique intitulé : *les Eaux de Passy* ; on les chante en 1836 dans le ballet des *Fêtes galantes* ; en 1760, Naquet fait représenter *l'Heureuse Méprise ou les Eaux de Passy.*

Ces eaux occupent une partie du coteau reliant à la Seine le village de Passy — à quelques mètres de l'endroit où s'élèvera le pont de Passy.

Mme de Tencin, au sortir de la Bastille, vint y rétablir sa santé délabrée.

Dans ses *Confessions* J.-J. Rousseau écrit qu'il fut un des fidèles de la station thermale. C'est à Passy, que, descendant dans « une retraite charmante » chez M. Mussard, il commence à écrire son *Devin du village*; c'est de Passy qu'il entreprend ses longues randonnées dans le Bois de Boulogne, au cours desquelles il constituait le bel herbier que possèdent encore les descendants de la famille Delessert, et qui vient d'être donné au Musée Carnavalet.

Plus tard, de 1777 à 1785, on voit souvent passer dans les allées ombreuses le bonhomme Franklin, qui vient absorber son verre d'eau ferrugineuse.

Délaissées durant la Révolution, les eaux de Passy auront un regain de faveur sous le Directoire et le Consulat.

Nous verrons même que les lionnes romantiques ne dédaigneront pas d'y aller soigner leur *vague-à-l'âme*.

Passy, au XVIIe siècle, ne possède que trois grandes voies pavées : la Grande-Rue (rue de Passy actuelle), la rue Basse (rue Raynouard) et la rue Bois-le-Vent qui conduisait directement de l'église au château de La Muette.

Sur la Grande-Rue de Passy s'ouvrent plusieurs hôtels appartenant à des personnes de qualité, entre autres l'hôtel de la Folie qui fut offert par Louis XV à une demoiselle de Romans, dont il eut un fils baptisé à l'église de Passy. La jeune femme rêva de faire légitimer son fils, mais le Bien-Aimé, qui ne pouvait souffrir qu'on l'ennuyât, fit enlever l'enfant, et sa mère ne le revit que quatre ans après la mort du roi. Il était le portrait frappant de son père. Il entra dans les ordres et mourut peu avant d'être nommé cardinal.

A la fin du siècle dernier, après avoir appartenu, en 1840, à Jules Janin, l'hôtel de la Folie fut démoli, lors du percement de la rue Claude-Chahu.

Rue Basse, aujourd'hui rue Raynouard, s'élève l'hôtel de Valentinois, sur l'ancien emplacement de l'école des frères de la Doctrine chrétienne.

Ici, deux souvenirs d'inégale valeur :

Sous Louis XV, la comtesse de Valentinois y reçoit Mme Du Barry ; sous Louis XVI, c'est dans cet hôtel que Franklin fait ses premiers essais de paratonnerre en France.

Le château de Passy, devenu château de Boulainvilliers, est loué par son propriétaire, Bernard de Boulainvilliers, petit-fils du fameux Samuel Bernard, au non moins fameux La Popelinière, qui y coule des jours fastueux, environné d'une cour d'artistes et d'hommes de lettres.

A sa mort, le château retourne à son propriétaire, le marquis de Boulainvilliers, dont la femme, très charitable, y recueille deux orphelins, un garçon et une fille qu'on découvrit plus tard être les descendants d'un bâtard de Charles IX. Ce fut cette orpheline, devenue comtesse de la Mothe, qui compromit le cardinal de Rohan et Marie-Antoinette dans la fameuse affaire du collier.

En 1820, le domaine de Passy sera morcelé et fera place à un quartier nouveau, qui perpétuera le nom du petit-fils de Samuel Bernard.

Florian, le charmant fabuliste, était également un hôte de Passy. Il habitait dans la pittoresque et vénérable rue Berton, non loin de la belle propriété de l'infortunée princesse de Lamballe (aujourd'hui Maison de Santé de M. le docteur Meuriot). Florian, le doux Florian a, d'ailleurs, en quatre vers, tracé le portrait de son protecteur, le duc de Penthièvre et celui de la belle-fille, la princesse de Lamballe, veuve à dix-neuf ans.

Pieux comme Booz, austère avec douceur
Vous aimez les humains et craignez le Seigneur
Hélas! un seul soutien manque à votre famille
Vous n'épousez pas Ruth, mais vous l'avez pour fille.

Pauvre délicieuse princesse. Sa vie ne fut que charme et légèreté. Mais quelle fin.

Après Mme de Lamballe, Mirabeau qui, si l'on en croit les *Actes des Apôtres*, eut à Passy, un pied-à-terre secret; André Chénier qui vint souvent à Passy, chez Mme Piscatory, belle-mère du marquis de Pastouret; La Tour d'Auvergne, qui vécut rue Raynouard; Moreau, l'adversaire de Napoléon qui habitait, avant son exil, un hôtel situé au 7 de la rue de Passy.

Chaillot, par contre, Chaillot au XVIIIe siècle compte fort peu d'hôtes illustres. C'est pourtant dans une petite maison, située sur la colline de Chaillot, que l'abbé Prévost écrivit ce chef-d'œuvre de psychologie amoureuse : *Manon Lescaut*. C'est dans cette aimable retraite que Prévost puisa les inspirations de son roman, dont il fait passer plusieurs scènes à Chaillot.

A Chaillot également vécurent Mme Vigée-Lebrun, la charmante portraitiste, et Malfilâtre, le poète malheureux qui vint y cacher sa misère.

Au début du XIXe siècle, un grand rêve, un rêve napoléonien est sur le point de métamorphoser notre territoire, de faire de notre futur seizième arrondissement un émule, un rival de Versailles.

Tandis que toute notre région s'embellissait, la montagne de Chaillot (notre Trocadéro actuel) devenait déserte, inculte ; après la disparition du Couvent de la Visitation et de l'Abbaye des Bonshommes, on ne l'utilisait plus que pour en tirer des pierres. Les carriers, dit un contemporain, l'avaient percée comme une écumoire. C'est ce monticule insignifiant qui faillit englober tous les environs dans une entreprise gigantesque.

Arrivé au faîte de sa gloire militaire. Napoléon Ier résolut de faire construire pour lui, pour sa race, sa cour et ses ministres, un palais babylonien, éclipsant tout ce qui avait été fait avant lui, même par Louis XIV. C'est sur la montagne de Chaillot qu'il jeta les yeux pour édifier le palais de son rêve.

Il fit venir ses deux architectes, Percier et Fontaine, et leur demanda de dresser les plans d'un monument le plus vaste et le plus beau de l'univers. L'assise centrale en devait être la montagne de Chaillot, surplombant la Seine et le Champ-de-Mars. Le palais serait immense, comportant salles des fêtes et de réception, appartements d'honneur, appartements pour les membres de la famille impériale, les dignitaires, etc. Les Arts, les Sciences, l'Université, les Archives, devaient y avoir leurs palais particuliers. Le moderne César entendait tout concentrer autour de lui, pour que tout pût célébrer sa gloire.

Les architectes se mirent à l'œuvre, les plans furent dressés ; ils sont conservés par les descendants de Fontaine.

L'aspect de ce palais de rêve est imposant. Qu'on s'imagine sur le sommet du Trocadéro, un Trocadéro plus élevé que celui de nos jours, le palais de Versailles précédé d'une double colonnade comme celle du Bernin à Saint-Pierre-de-Rome. Cette monumentale construction devait se dresser au-dessus de trois terrasses successives, conduisant au pont d'Iéna. Toute la façade donnait sur la Seine et comprenait les appartements de gala. Les appartements de l'Empereur et de sa famille étaient situés à l'ouest, face à un immense parterre qui s'étendait jusqu'au Bois de Boulogne, entre deux magnifiques avenues descendant à droite et à gauche de la Muette et jusqu'à l'Arc-de-Triomphe de l'Étoile. Elles représentaient à peu près nos avenues Kléber et Henri-Martin actuelles. Le Bois de Boulogne devait servir de parc au nouveau palais.

Autour de la construction centrale étaient placés, au nord et à l'est, des bâtiments divers, puis venaient les dépendances. Le château de la Muette devenait une modeste vénerie.

On peut donc juger qu'une bonne moitié de Passy, c'est-à-dire la plus grande partie du seizième arrondissement était englobée par la conception napoléonienne.

Les destins en décidèrent autrement.

Ce palais somptueux, comme tant d'autres rêves, s'évanouit dans les neiges de la Russie. « Tout n'est que vanité », avait dit Bossuet, chez les Visitandines, sur cette montagne de Chaillot qui faillit ainsi devenir le Mont Capitolin des Français. Sous Louis-Philippe, l'ombre de Napoléon, à la rentrée des cendres, sembla devoir en reprendre possession. Il fut question d'élever au conquérant un tombeau majestueux sur l'emplacement qu'il avait choisi pour son palais impérial. Après réflexion, on se décida pour les Invalides. L'emplacement resta libre jusqu'au moment où le palais du Trocadéro vint, hélas ! l'occuper.

Innombrables sont les hôtes illustres qui habitèrent le XVIe arrondissement, de 1800 jusqu'à nos jours.

C'est Talleyrand qui habite le château de la Muette, Mme d'Abrantès, qui vient mourir obscurément à Chaillot, où elle gagne péniblement le pain de ses derniers jours, en écrivant des romans; Rouget de l'Isle, qui loge à Passy, au moment le plus triste de sa vie: Rouget de l'Isle qu'un voisin sauve de la misère; ce voisin, c'est Béranger qui habite rue Raynouard, puis rue Scheffer (alors rue des Moulins), puis rue Vineuse; c'est le grand Balzac qui, de 1840 à 1847, loge au 47 de la rue Raynouard, abattant un labeur formidable et employant une bonne part de son imagination à échapper à ses créanciers par des sentiers dérobés qui existent encore; c'est Musset, c'est George Sand, c'est Jules Sandeau, c'est Spontini, c'est Halévy, c'est Rossini, c'est Proud'hon, c'est Casimir-Périer, c'est Guizot, c'est Gambetta, c'est Thiers; ce sont enfin les deux plus grands poètes du siècle, Lamartine qui s'éteint, pauvre, oublié, dans le chalet proche de la Muette, dont la Ville de Paris lui a fait hommage; c'est Victor Hugo qui, avenue d'Eylau (actuellement avenue Victor-Hugo) ferme les yeux au milieu de l'apothéose dont les Parisiens gardent encore le souvenir.

La Grande Guerre est venue, et elle a trouvé les habitants du XVIe particulièrement éprouvés par le bombardement des Gothas et Berthas, aussi dédaigneux du péril, aussi héroïques que leurs ancêtres.

Et maintenant, si gravement que ce soit, la paix glorieuse nous sourit. Les hommes se tournent avec faveur vers les belles inventions pacifiques.

L'aviation va changer sans doute notre façon de

concevoir un paysage. Que penseront de notre XVIe les générations ailées de l'avenir ?

J'ai voulu le savoir, et j'ai questionné à ce sujet l'un de nos plus illustres conquérants de l'air. Son avis motivé donnera à cette trop longue causerie sa conclusion.

« Quand on plane au-dessus de Paris, à la belle saison, m'a confié ce hardi pilote, on est surpris de voir combien la capitale est plus boisée, plus semée d'arbres et de jardins qu'on ne l'avait imaginé; mais dès qu'on cingle vers l'ouest et qu'on aperçoit Passy et Auteuil, ce n'est plus de la surprise que l'on ressent, c'est de l'admiration. »

Enveloppé dans le riche écrin verdoyant du Bois, le XVIe arrondissement apparaît alors comme ce qu'il est en vérité : le Jardin de la Capitale, le Bouquet de Paris.

F. D'ANDIGNÉ,
Conseiller municipal de Paris.

RÉPERTOIRE ALPHABÉTIQUE
DES RUES DU XVIE ARRONDISSEMENT

RUES	PAROISSES
A	
Adolphe-Yvon	Saint-Honoré-d'Eylau.
Agar	Notre-Dame d'Auteuil.
Albéric-Magnard	N.-D. de Grâce.
***Albert Ier** (cours)......	St-Pierre de Chaillot.
Alboni (de l')........	N.-D. de Grâce.
Alboni (square de l').....	N.-D. de Grâce.
Alfred-Dehodencq......	N.-D. de Grâce.
Alma (place de l').......	St-Pierre de Chaillot.
Alma (pont de l').......	St-Pierre de Chaillot.
Alphand (avenue).......	St-Honoré d'Eylau.
Alphonse XIII (av.)....	N.-D. de Grâce.
Amiral-Cloué (de l').....	N.-D. d'Auteuil.
Amiral-Courbet (de l')..	St-Honoré d'Eylau.
Annonciation (de l')....	N.-D. de Grâce.
Antoine-Arnaud........	N.-D. de la Miséricorde.
Antoine-Arnaud (square)	N.-D. de la Miséricorde.
Antoine Boucher.......	N.-D. d'Auteuil.
Argentine (cité)........	St-Honoré d'Eylau.
Assomption (de l').......	N.-D. de la Miséricorde.

Les rues précédées d'un astérisque font partie du VIIIe arrondissement. Néanmoins peu nombreuses, nous avons cru bon de les mentionner, comme appartenant à la paroisse Saint-Pierre de Chaillot, dont l'église et la plupart des rues sont sur le XVIe arrondissement.

Auguste-Maquet........	N.-D. d'Auteuil.
Auguste-Vacquerie.....	St-Pierre de Chaillot.
Auteuil (place d')........	N.-D. d'Auteuil.
Auteuil (pont d').......	N.-D. d'Auteuil.
Auteuil (quai)..........	N.-D. d'Auteuil.
Auteuil (porte d').......	N.-D. d'Auteuil.
Auteuil (d')............	N.-D. d'Auteuil.

B

Baigneur (villa du).....	N.-D. d'Auteuil.
Bassano (de)...........	St-Pierre de Chaillot.
Bastien-Lepage........	N.-D. d'Auteuil.
Bauches (des)..........	N.-D. de la Miséricorde.
***Bayard**...............	St-Pierre de Chaillot.
Beauséjour (boul.).....	N.-D. de la Miséricorde.
Beauséjour (villa)......	N.-D. de la Miséricorde.
Beethoven..............	N.-D. de Grâce.
Belles-Feuilles (des)....	St-Honoré d'Eylau.
Bellini................	N.-D. de Grâce.
Belloy (de)............	St-Pierre de Chaillot.
Benjamin-Godard......	St-Honoré d'Eylau.
Benouville............	St-Honoré d'Eylau.
Berlioz...............	St-Honoré d'Eylau.
Berton................	N.-D. de Grâce.
Bigo (villa)............	N.-D. de Grâce.
Billancourt (porte de)...	N.-D. d'Auteuil.
Billancourt (de)........	N.-D. d'Auteuil.
***Boccador**.............	St-Pierre de Chaillot.
Boileau (hameau).......	N.-D. d'Auteuil.
Boileau...............	N.-D. d'Auteuil.
Boileau (villa)..........	N.-D. d'Auteuil.
B.-de-Boulogne (av. du)..	St-Honoré d'Eylau.
B.-de-Boulogne (sq. du).	St-Honoré d'Eylau.

Bois-de-Boulogne (du)..	St-Honoré d'Eylau.
Bois-le-Vent............	N.-D. de Grâce.
Boissière...............	St-Pierre de Chaillot de 1 à 35 et 36. St-Honoré d'Eylau de 37 et 38 à la fin.
Bosio..................	N.-D. d'Auteuil.
Boudon (avenue).......	N.-D. d'Auteuil.
Boufflers (avenue)......	N.-D. de la Miséricorde de 7 à la fin. N.-D. d'Auteuil de 1 à 7.
Boulainvilliers (ham.)..	N.-D. de la Miséricorde.
Boulainvilliers (de).. ..	N.-D. d'Auteuil nos impairs de 1 à 17. N.-D. de la Miséricorde nos impairs du 17 au 53. N.-D. de Grâce nos pairs, impairs à partir de 57.
Bouquet-de-Longchamp	St-Pierre de Chaillot.
***Bourdin** (imp.).........	St-Pierre de Chaillot.
Brignole..............	St-Pierre de Chaillot.
Brignole-Galliera (sq.)..	St-Pierre de Chaillot.
Bugeaud (avenue)......	St-Honoré d'Eylau.
Bugeaud (rond-point)...	St-Honoré d'Eylau.
Bugeaud...............	St-Honoré d'Eylau.
Buis (du)	N.-D. d'Auteuil.

C

Callot.................	N.-D. d'Auteuil.
Camoëns (avenue de)...	N.-D. de Grâce.
Carrières-Passy (imp. des)................	N.-D. de Grâce.
***Cerisoles**.............	St-Pierre de Chaillot.

Chaillot (de)............	St-Pierre de Chaillot.
Chalets (avenue des)....	N.-D. de la Miséricorde.
Chalgrin................	St-Honoré d'Eylau.
***Chambiges**..	St-Pierre de Chaillot.
***Champs-Elysées** (av.)..	N^os impairs de 15 à la fin.
***Champs-Elysées** (rond-point)................	St-Pierre de Chaillot n^os impairs de 1 à 7.
Chamfort..............	N.-D. de la Miséricorde.
Chanez................	N.-D. d'Auteuil.
Chapu.................	N.-D. d'Auteuil.
Chardin................	N.-D. de Grâce.
Chardon-Lagache..... ..	N.-D. d'Auteuil.
Charles-Dickens........	N.-D. de Grâce.
Charles-Lamoureux....	St-Honoré d'Eylau.
Chernoviz..............	N.-D. de Grâce.
Chaussée-Muette-Passy.	N.-D. de Grâce.
Cheysson (pass.)........	N.-D. d'Auteuil.
Chopin (place)..........	N.-D. de Grâce.
***Christophe-Colomb**....	St-Pierre de Chaillot.
Cimarosa..............	St-Honoré d'Eylau.
Civry (de)..............	N.-D. d'Auteuil.
Claude-Chahu..........	N.-D. de Grâce.
Claude-Lorrain........	N.D. d'Auteuil.
Claude-Lorrain (villa)...	N.-D. d'Auteuil.
***Clément-Marot**.........	St-Pierre de Chaillot.
Colonel-Bonnet (av.)....	N.-D. de Grâce.
Commandant-Marchand	St-Honoré d'Eylau.
Copernic...............	St-Honoré d'Eylau.
Copernic (villa).........	St-Honoré d'Eylau.
Corneille (imp.)........	N.-D. d'Auteuil.
Corot..	N.-D. d'Auteuil.
Cortambert............	N.-D. de Grâce.

Cothenet................	St-Honoré d'Eylau.
***Cours Albert-Ier**........	St-Pierre de Chaillot.
Crevaux................	St-Honoré d'Eylau.
Cure (de la)............	N.-D. de la Miséricorde.
Cure (ruelle)...........	N.-D. de la Miséricorde.

D

Dangeau................	N.-D. de la Miséricorde.
Daumier...............	N.-D. d'Auteuil.
Dauphine (porte).......	St-Honoré d'Eylau.
Davioud...............	N.-D. de la Miséricorde.
Debilly (passerelle)......	St-Pierre de Chaillot.
Debrousse.............	St-Pierre de Chaillot.
Decamps...............	St-Honoré d'Eylau de 1 à 30 et 35.
	N.-D. de Grâce de 32 et 36 à la fin.
Delessert.............	N.-D. de Grâce.
Désaugiers............	N.-D. d'Auteuil.
Desbordes-Valmore....	N.-D. de Grâce.
Despréaux (avenue).....	N.-D. d'Auteuil.
Dietz-Monin...........	N.-D. d'Auteuil.
Docteur-Blanche (du)...	N.-D. de la Miséricorde.
Dôme (du).............	St-Honoré d'Eylau.
Donizetti..............	N.-D. d'Auteuil.
Dosne................	St-Honoré d'Eylau.
Duban................	N.-D. de Grâce.
Dufrénoy..............	St-Honoré d'Eylau.
Dufresne (villa).........	N.-D. d'Auteuil.
Dumont-d'Urville......	St-Pierre de Chaillot.
Duplan (cité)..........	St-Honoré d'Eylau.
Dupont (villa)..........	St-Honoré d'Eylau.
Duret.................	St-Honoré d'Eylau.

E

Eaux (des)	N.-D. de Grâce.
Edmond-About	N.-D. de Grâce.
Edouard-Fournier	N.-D. de Grâce.
Emile-Augier (boul.)	N.-D. de Grâce.
Emile-Augier	N.-D. de Grâce.
Emile-Deschanel	N.-D. d'Auteuil.
Emile-Menier	St-Honoré d'Eylau.
Emile-Meyer	N.-D. d'Auteuil.
Erlanger (av. d')	N.-D. d'Auteuil.
Erlanger (d')	N.-D. d'Auteuil.
Erlanger (villa)	N.-D. d'Auteuil.
Etats-Unis (place des)	St-Pierre de Chaillot.
Etoile (place de l')	St-Pierre de Chaillot et St-Honoré d'Eylau.
Eugène-Delacroix	N.-D. de Grâce.
Eugène-Labiche	N.-D. de Grâce.
Eugène-Manuel	N.-D. de Grâce.
***Euler**	St-Pierre de Chaillot.
Exelmans (boul.)	N.-D. d'Auteuil.
Exelmans	N.-D. d'Auteuil.
Eylau (av. d')	St-Honoré d'Eylau.
Eylau (villa d')	St-Honoré d'Eylau.

F

Faisanderie (de la)	St-Honoré d'Eylau.
Faustin-Hélie	N.-D. de Grâce.
Félicien-David	N.-D. d'Auteuil.
Flandrin (boul.)	St-Honoré d'Eylau.
Flore (villa)	N.-D. d'Auteuil.
Florentine-Estrade (cité)	N.-D. d'Auteuil.
Fodor (villa)	N.-D. de Grâce.
Foucault	St-Pierre de Chaillot.

Francisque-Sarcey	N.-D. de Grâce.
François-Gérard	N.-D. d'Auteuil.
François-Millet	N.-D. d'Auteuil.
François-Ponsard	N.-D. de Grâce.
***François-Ier**	St-Pierre de Chaillot.
Franklin	N.-D. de Grâce. St-Pierre de Chaillot, partie contournant le Trocadéro.
Franqueville (de).......	N.-D. de Grâce.
Frémiet (av.)...........	N.-D. de Grâce.
Frères-Périer (des)......	St-Pierre de Chaillot.
Fresnel	St-Pierre de Chaillot.
Freycinet	St-Pierre de Chaillot.

G

Galilée	St-Pierre de Chaillot.
Galliera (de)...........	St-Pierre de Chaillot.
Gaston-de-St-Paul	St-Pierre de Chaillot.
Gavarni	N.-D. de Grâce.
Général-Appert	St-Honoré d'Eylau.
Général-Langlois	N.-D. de Grâce.
***George-V** (av.).........	St-Pierre de Chaillot.
George-Sand	N.-D. d'Auteuil.
George-Sand (villa).....	N.-D. d'Auteuil.
Georges-Bizet	St-Pierre de Chaillot.
Georges-Ville	St-Honoré d'Eylau.
Géricault	N.-D. d'Auteuil.
Girodet	N.-D. d'Auteuil.
Goethe....	St-Pierre de Chaillot.
Grande-Armée (av. de la)	St-Honoré d'Eylau n^{os} impairs.
Grenelle (pont de).......	N.-D. d'Auteuil.
Greuze	St-Honoré d'Eylau.

Gros	N.-D. d'Auteuil.
Gudin................	N.-D. d'Auteuil.
Guibert (villa)	N.-D. de Grâce.
Guichard...............	N.-D. de Grâce.
Guillou.................	N.-D. de Grâce.
Gustave-Courbet	St-Honoré d'Eylau.
Gustave-Nadaud	N.-D. de Grâce.
Gustave-Zédé.	N.-D. de la Miséricorde.
Guy-de-Maupassant....	N.-D. de Grâce.

H

Hameau-Béranger.....	N.-D. de la Miséricorde.
Hameau-Boileau	N.-D. d'Auteuil.
Hameau-La-Fontaine. .	N.-D. d'Auteuil.
Hamelin	St-Pierre de Chaillot.
Henri-de-Bornier.......	N.-D. de Grâce.
Henri-Heine............	N.-D. de la Miséricorde.
***Henri-le-Page** (cité)....	St-Pierre de Chaillot.
Henri-Martin (avenue)..	N.-D. de Grâce n[os] impairs. St-Honoré d'Eylau n[os] pairs.
Henri-Martin...........	N.-D. de Grâce.
Herran...............	St-Honoré d'Eylau.
Herran (villa)..........	St-Honoré d'Eylau.

I

Iéna (avenue)...........	St-Pierre de Chaillot.
Iéna (pont d')...........	St-Pierre de Chaillot.
Iéna (place)............	St-Pierre de Chaillot.
Ingres (avenue).........	N.-D. de la Miséricorde.
Isabey	N.-D. d'Auteuil.

J

Jacques-Offenbach	N.-D. de la Miséricorde.
Jasmin..................	N.-D. de la Miséricorde.
Jean-Bologne	N.-D. de Grâce.
Jean-Dolfus (avenue)....	N.-D. d'Auteuil.
Jean-Goujon...........	St-Pierre de Chaillot.
Jouvenet (impasse)	N.-D. d'Auteuil.
Jouvenet...............	N.-D. d'Auteuil.
Jules-Claretie	N.-D. de Grâce.
Jules-Janin (avenue)....	N.-D. de Grâce.
Jules-Sandeau (boul.)...	N.-D. de Grâce.

K

Keppler............. ...	St-Pierre de Chaillot.
Kléber (avenue)	St-Pierre de Chaillot nos impairs. St-Honoré d'Eylau nos pairs.

L

La Fontaine (hameau) ..	N.-D. d'Auteuil.
La Fontaine (rond-point).	N.-D. d'Auteuil.
La Fontaine......... ..	N.-D. de la Miséricorde nos pairs jusqu'à 24. N.-D. d'Auteuil les nos impairs et de 26 à la fin.
La Frillière (avenue)...	N.-D. d'Auteuil.
Lalo..................	St-Honoré d'Eylau.
Lamartine (square)	St-Honoré d'Eylau.
Lancret	N.-D. d'Auteuil.
Lannes (boul.)	St-Honoré d'Eylau.
La Pérouse............	St-Pierre de Chaillot.

Largillière .... N.-D. de la Miséricorde nos impairs.
N.-D. de Grâce nos pairs.
Laurent-Pichat .... St-Honoré d'Eylau.
Lauriston .... St-Honoré d'Eylau.
Leconte-de-Lisle .... N.-D. d'Auteuil.
Lekain .... N.-D. de Grâce.
Le Marois .... N.-D. d'Auteuil.
Le Nôtre .... N.-D. de Grâce.
St-Pierre de Chaillot partie contournant le Trocadéro.
Léo-Delibes .... St-Honoré d'Eylau.
Léon-Heuzey .... N.-D. d'Auteuil.
Léonard-de-Vinci .... St-Honoré d'Eylau.
Léonce-Raynaud .... St-Pierre de Chaillot.
Leroux .... St-Honoré d'Eylau.
Le Sueur .... St-Honoré d'Eylau.
Le-Tasse .... N.-D. de Grâce nos pairs.
St-Pierre de Chaillot partie côté Trocadéro.
***Lincoln** .... St-Pierre de Chaillot.
Litolff .... N.-D. de Grâce.
Longchamp (de)........ St-Pierre de Chaillot de 1 à 42 et 43.
St-Honoré d'Eylau de 44 à 45 à la fin.
Longchamp (rd-point de) St-Honoré d'Eylau.
Longchamp (villa)...... St-Pierre de Chaillot.
Lota (de).............. St-Honoré d'Eylau.
Louis-Boilly .... N.-D. de la Miséricorde.
Louis-David .... N.-D. de Grâce.
Lubeck (de) .... St-Pierre de Chaillot.

M

Magdebourg (de)	St-Pierre de Chaillot.
***Magellan**	St-Pierre de Chaillot.
Malakoff (av. de)	St-Honoré d'Eylau.
Malakoff (imp. de)	St-Honoré d'Eylau.
Malakoff (villa)	St-Honoré d'Eylau.
Malakoff	St-Honoré d'Eylau.
Manutention (de la)	St-Pierre de Chaillot.
Marbeau	St-Honoré d'Eylau.
Marbeau (boul.)	St-Honoré d'Eylau.
***Marbeuf**	St-Pierre de Chaillot.
Marceau (avenue)	St-Pierre de Chaillot.
***Marignan** (rue)	St-Pierre de Chaillot.
Marronniers (des)	N.-D. de Grâce.
Mérimée	St-Honoré d'Eylau.
Mesnil	St-Honoré d'Eylau.
Michel-Ange (villa)	N.-D. d'Auteuil.
Michel-Ange	N.-D. d'Auteuil.
Michon (villa)	St-Honoré d'Eylau.
Mignard	N.-D. de Grâce.
Mignet	N.-D. d'Auteuil.
Mirabeau (pont)	N.-D. d'Auteuil.
Mirabeau	N.-D. d'Auteuil.
Mission-Marchand (de la)	N.-D. d'Auteuil.
Molière (avenue)	N.-D. d'Auteuil.
Molitor (porte)	N.-D. d'Auteuil.
Molitor (villa)	N.-D. d'Auteuil.
Molitor	N.-D. d'Auteuil.
***Montaigne** (av.)	St-Pierre de Chaillot.
Montespan (avenue)	St-Honoré d'Eylau.
Montmorency (av. de)	N.-D. d'Auteuil. N.D. de la Miséricorde jusqu'au 69.
Montmorency (boul. de).	N.-D. d'Auteuil.

Montmorency (villa de).	N.-D. d'Auteuil et N.-D. de la Miséricorde.
Mozart (imp.)	N.-D. de la Miséricorde.
Mozart (avenue)	N.-D. de Grâce de 1 à 13 pairs et impairs.
	N.-D. de la Miséricorde depuis le nº 15 jusq. 108-111.
	N.-D. d'Auteuil de 108 et 111 à la fin.
Mozart (villa)...........	N.-D. de la Miséricorde.
Muette (avenue de la)...	N.-D. de Grâce.
Muette (chaussée de la)..	N.-D. de la Miséricorde, de la gare de Passy à la rue Largillière.
	N.-D. de Grâce, de la rue Largillière à la fin.
Muette (porte de la)....	N.-D. de la Miséricorde.
Muette................	N.-D. de la Miséricorde.
Murat (boul.)..........	N.-D. d'Auteuil.
Murat (passage)........	N.-D. d'Auteuil.
Musset (de)............	N.-D. d'Auteuil.

N

Narcisse-Diaz..........	N.-D. d'Auteuil.
Newton...............	St-Pierre de Chaillot.
Nicolo...............	N.-D. de Grâce.
Nitot................	St-Pierre de Chaillot.
Noisiel (de)..........	St-Honoré d'Eylau.

O

Obligado (d').........	St-Honoré d'Eylau.
Octave-Feuillet........	N.-D. de Grâce.
Olchanski.............	N.-D. d'Auteuil.

P

Pajou	N.-D. de la Miséricorde.
Parent-de-Rosan	N.-D. d'Auteuil.
Passy (place de)	N.-D. de Grâce.
Passy (pont de)	N.-D. de Grâce.
Passy (porte de)	N.-D. de Grâce.
Passy (quai et port)	N.-D. de Grâce.
Passy (de)	N.-D. de Grâce.
Pâtures (des)	N.-D. d'Auteuil.
Paul-Delaroche	N.-D. de Grâce.
Paul-Saunière	N.-D. de Grâce.
Pauquet	St-Pierre de Chaillot.
Perchamps (place des)	N.-D. d'Auteuil.
Perchamps (des)	N.-D. d'Auteuil.
Pergolèse	St-Honoré d'Eylau.
Perrichont (av.)	N.-D. d'Auteuil.
Pétrarque	N.-D. de Grâce.
Peupliers (av. des)	N.-D. d'Auteuil.
Piccini	St-Honoré d'Eylau.
Picot	St-Honoré d'Eylau.
Pierre-Ier-de-Serbie (av.)	St-Pierre de Chaillot.
Pierre-Charron	St-Pierre de Chaillot.
Pierre-Ducreux	N.-D. de la Miséricorde.
Pierre-Guérin	N.-D. d'Auteuil.
Point-du-Jour (porte du)	N.-D. d'Auteuil.
Pomereu (de)	St-Honoré d'Eylau.
Pompe (de la)	N.-D. de Grâce de 1 et 2 à 81 et 84. St-Honoré d'Eylau de 83 et 86 à la fin.
Pont-de-Grenelle (ch. du)	N.-D. d'Auteuil.
Portugais (av.)	St-Pierre de Chaillot.
Possoz (place)	N.-D. de Grâce.
Poussin	N.-D. d'Auteuil.

Presbourg (de) .... St-Pierre de Chaillot n° 1 à 6 et 7.
St-Honoré d'Eylau de 6 et 7 à la fin.
Président-Wilson (av.). St-Pierre de Chaillot.
Prêtres (imp. des) ...... St-Honoré d'Eylau.
Prudhon (av.)........... N.-D. de Grâce de Passy, N.-D. de la Miséricorde.

R

Racine (imp.)........... N.-D. d'Auteuil.
Raffet.................. N.-D. de la Miséricorde.
Ranelagh (av. du)...... N.-D. de la Miséricorde.
Ranelagh (jardin du).... N.-D. de la Miséricorde.
Ranelagh (du).......... N.-D. de la Miséricorde.
N.-D. de Grâce de 1 à 43 pairs et impairs.
Ranelagh (square)...... N.-D. de la Miséricorde.
Raphaël (av.).......... N.-D. de la Miséricorde.
N.-D. de Grâce nos pairs et impairs jusq. l'avenue Prud'hon.
Raynouard............. N.-D. de Grâce.
Raynouard (square).... N.-D. de Grâce.
Rémusat (de).......... N.-D. d'Auteuil.
***Renaissance**.......... St-Pierre de Chaillot.
Réservoirs (des)....... N.-D. de Grâce.
Réunion (villa)........ N.-D. d'Auteuil.
Ribéra................ N.-D. d'Auteuil de 1 à 29, de 2 à 30.
N.-D. de la Miséricorde du n° 32 à la fin.
Richard-Wagner....... N.-D. de Grâce.
***Robert-Estienne**....... St-Pierre de Chaillot.

Ruffin	St-Pierre de Chaillot.
Robert-le-Coin	N.-D. de la Miséricorde.
Robert-Turquau	N.-D. de la Miséricorde.
Rude	St-Honoré d'Eylau.

S

Sablons (des)	St-Honoré d'Eylau.
Saïd (villa)	St-Honoré d'Eylau.
Saïgon (de)	St-Honoré d'Eylau.
Scheffer	N.-D. de Grâce.
Scheffer (villa)	N.-D. de Grâce.
Sfax (de)	St-Honoré d'Eylau.
Siam (de)	N.-D. de Grâce.
Singer (imp.)	N.-D. de Grâce.
Singer	N.-D. de Grâce.
Sommeiller (villa)	N.-D. d'Auteuil.
Sontay (de)	St-Honoré d'Eylau.
Souchier (villa)	N.-D. de Grâce.
Source (de la)	N.D. de la Miséricorde nos pairs. N.-D. d'Auteuil nos impairs.
Spontini	St-Honoré d'Eylau.
Spontini (villa)	St-Honoré d'Eylau.
Square (av. du)	N.-D. de la Miséricorde nos pairs. N.-D. d'Auteuil nos impairs.
Suchet (boul.)	N.-D. de la Miséricorde jusqu'au n° 79. N.-D. d'Auteuil de 79 *bis* à la fin.
Sycomores (av. des)	N.-D. d'Auteuil de 1 à 7 *bis*, de 2 à 14.

N.-D. de la Miséricorde depuis le n° 16.

Saint-Cloud (porte de)... N.-D. d'Auteuil.
Saint-Didier........... St-Honoré d'Eylau.
Saint-Philibert (av.).... N.-D. de Grâce.

T

Talma................ N.-D. de Grâee.
Téniers............... N.-D. d'Auteuil.
Théophile-Gautier...... N.-D. d'Auteuil.
Théophile-Gautier (squ.) N.-D. d'Auteuil.
Théry................. St-Honoré d'Eylau.
Théry (prolongée)....... St-Honoré d'Eylau.
Thiers................ St-Honoré d'Eylau.
Thiers (square)......... St-Honoré d'Eylau.
Tilleuls-Passy (av. des). N.-D. de la Miséricorde.
Tour (de la)............ N.-D. de Grâce.
Tour (villa de la)....... N.-D. de Grâce.
Tokio (av. de)........... St-Pierre de Chaillot et N.-D. de Grâce.
Traktir (de)........... St-Honoré d'Eylau.
***Trémoille** (rue La)..... St-Pierre de Chaillot.
Trocadéro (place du).... St-Pierre de Chaillot et St-Honoré d'Eylau.

V

Van-Loo............... N.-D. d'Auteuil.
Varize (de)............ N.-D. d'Auteuil.
Verderet-Auteuil....... N.-D. d'Auteuil.
Verdi................. N.-D. de Grâçe.
***Vernet**............... St-Pierre de Chaillot.
Versailles (av. de)...... N.-D. d'Auteuil.
***Victor-Emmanuel-III**.. St-Pierre de Chaillot n^os impairs de 1 à 43.
Victor-Hugo (av.)....... St-Honoré d'Eylau.

Victor-Hugo (place).....	St-Honoré d'Eylau.
Victor-Hugo (villa).....	St-Honoré d'Eylau.
Victorien-Sardou.......	N.-D. d'Auteuil.
Vignes (des)...........	N.-D. de Grâce nos pairs et impairs jusqu'à 55. N.-D. de la Miséricorde nos impairs du 57 à la fin.
Villa-de-l'Yvette (de la).	N.-D. de la Miséricorde.
Villa-de-la-Réunion (av.)	N.-D. d'Auteuil.
Villejust (de)..........	St-Honoré d'Eylau.
Vineuse...............	N.-D. de Grâce.
Vital..................	N.-D. de Grâce.
Voltaire (imp.).........	N.-D. d'Auteuil.

W

Weber..................	St-Honoré d'Eylau.
Wilhem.................	N.-D. d'Auteuil.

Y

Yvette (de l')...........	N.-D. de la Miséricorde.
Yvon-de-Villarceau....	St-Honoré d'Eylau.

XVIE ARRONDISSEMENT

Moyens de communication inter-arrondiss^t

MÉTRO

Ligne I. — Porte de Vincennes-Porte-Maillot

Principaux points desservis : Étoile-Champs-Élysées-Concorde-Tuileries-Hôtel de Ville-Bastille-Gare de Lyon.

Ligne 2. — Porte Dauphine-Place de la Nation

Principaux points desservis : Place Victor-Hugo-Étoile-Villiers-Clichy-Barbès-Père Lachaise.

Ligne 5. — Étoile-Italie-Gare du Nord

Principaux points desservis : Trocadéro-Passy-Pasteur-Raspail-Gare d'Orléans-Bastille-République-Gare de l'Est.

Ligne 8. — Auteuil-Opéra

Principaux points desservis : Javel-Grenelle-La Motte-Picquet-Champs de Mars-Invalides-Concorde-Madeleine.

Ligne 9. — Porte Saint-Cloud-Chaussée d'Antin

(Sera définitivement terminée prochainement.)

Principaux points desservis : Auteuil-av. Henri-Martin-Trocadéro-Alma-Élysées-st-Philippe du Roule-Opéra.

CHEMIN DE FER DE CEINTURE

Stations :

Point du Jour-Auteuil-Passy-Av. Henri-Martin-Bois de Boulogne-Porte-Maillot.

AUTOBUS

B. — Trocadéro-Gare de l'Est

Principaux points desservis : Place d'Iéna-St-Philippe du Roule-St-Augustin-Gare St-Lazare-Trinité-N-D. de Lorette-Square Montholon.

C. — Porte de Neuilly-Hôtel de Ville

Principaux points desservis : Bois de Boulogne-Étoile-Champs-Élysées-Concorde-Palais Royal-Louvre-Châtelet.

A B. — Passy-Bourse

Principaux points desservis : Place Victor-Hugo (Église St-Honoré d'Eylau)-Étoile-St-Philippe du Roule-Madeleine-Opéra.

A. S. Étoile-Porte de Saint-Cloud

Principaux points desservis : Place Victor-Hugo-(Église St-Honoré d'Eylau)-Mairie du 16e arrondissement-École N-D. d'Auteuil-École J.-B. Say.

TRAMWAYS

1 et 1 bis Louvre-Sèvres-Versailles

Principaux points desservis : Tuileries-Place de la Concorde-Grand Palais-Alma-Trocadéro-Avenue de Versailles-Porte de St-Cloud-Pont de Sèvres-Chaville-Viroflay.

2. — Louvre-Saint-Cloud

Principaux points desservis : Tuileries-Concorde-Grand Palais-Alma-Trocadéro-Avenue de Versailles-Boulogne-St-Cloud.

5. — Trocadéro-Étoile-Villette

Principaux points desservis : Av. Kléber-Étoile-Ternes-Parc Monceau-Clichy-Cimetière Montmartre-Blanche-Pigalle-Chapelle.

12. — Auteuil-Passy-Hôtel de Ville

Principaux points desservis : Porte d'Auteuil-La Muette-Gare de Passy-Place de Passy-Trocadéro-Place d'Iéna-Alma-Grand Palais-Concorde-Tuileries-Louvre-Pont-Neuf-Châtelet.

15. — La Muette-Rue Taitbout

Principaux points desservis : La Muette-Gare de

Passy-Bois de Boulogne-Square Lamartine-Place Victor-Hugo-Étoile-St-Augustin-St-Lazare-Opéra-Madeleine.

16. — Boulogne Auteuil-Madeleine

Principaux points desservis: Bois de Boulogne-Serres de la Ville de Paris-Porte d'Auteuil-la Muette-Gare de Passy-Trocadéro-Étoile-St Augustin-Saint-Lazare.

18. — Porte de Saint-Cloud-Saint-Sulpice

Principaux points desservis : Point du Jour-Pont-Mirabeau-R. de la Convention-Mairie du 15e-Rue de Sèvres-Boulevard Raspail.

19. — Gare de Lyon-Alma-Avenue Henri-Martin

Principaux points desservis : Ile St-Louis-Halle aux Vins-Place Maubert-Musée de Cluny, Saint-Michel-Saint-Germain des Prés-Tuileries-Concorde-Grand Palais-Alma-Place d'Iéna-Trocadéro.

23. — Auteuil-Boulogne-Les Moulineaux

Principaux points desservis : Bois de Boulogne-Serres de la Ville de Paris-Église de Boulogne-Marché de Boulogne-Mairie-Justice de Paix-Marché de Billancourt.

25. — Saint-Cloud-Auteuil-Saint-Sulpice

Principaux points desservis ; Boulogne-Serres

de la Ville de Paris-Bois de Boulogne-Auteuil-Pont de Grenelle-Place St-Charles-Cambronne-Dupleix-Pasteur.

123/124. — Porte Saint-Cloud-Porte de Vincennes

Principaux points desservis : Pont-Mirabeau-Hôpital Boucicaut-Rue de la Convention-Rue de Vouillé-Rue d'Alésia-Rue de Tolbiac-avenue Daumesnil-Cours de Vincennes.

BATEAUX PARISIENS

Louvre-Suresnes

Pontons : Alma-Grenelle-Auteuil.

XVIe ARRONDISSEMENT — PASSY

Population : **162 899** habitants.

1er Quartier : **Auteuil**	3e Quartier : **Dauphine**
2e Quartier : **La Muette**	4e Quartier : **Chaillot.**

Mairie du XVIe : 71, avenue Henri-Martin. (Passy 90-96).

M. Bouillet, maire.

Conseillers municipaux : MM. d'Andigné, Fernand-Laurent, de Fontenay, Gay.

Députés (3e *secteur*) : Aubriot, Berthon, Bracke, Buisson, Daudet, Duval-Arnould, Evain, Leboucq, Levasseur, Mouret, Painlevé, Rollin, Rozier, Sangnier.

Culte : **PAROISSES CATHOLIQUES**.

Saint-Pierre de Chaillot, 26, rue de Chaillot.

M. l'abbé Sicard, curé.

Notre-Dame de Grâce de Passy, 10, rue de l'Annonciation.

M. l'abbé Hennebique, curé.

Saint-Honoré d'Eylau, 9, place Victor-Hugo.

M. l'abbé Soulange-Bodin, curé (Passy 93-99).

Notre-Dame d'Auteuil, 2, place d'Auteuil.
M. l'abbé Rivenq, curé.

Notre-Dame de la Miséricorde, 88, rue de l'Assomption.
M. l'abbé Protois, curé.

CHAPELLES CATHOLIQUES

Notre-Dame de la Cité Paroissiale, 66, avenue Malakoff (Saint-Honoré d'Eylau).

Chapelle Saint-Vincent de Paul, 154, avenue Victor-Hugo (Saint-Honoré d'Eylau).

Chapelle du Sacré-Cœur, 12 *bis*, rue Pergolèse (Saint-Honoré d'Eylau).

Chapelle Espagnole, 51 *bis*, rue de la Pompe.

Chapelle des Servantes du Saint-Sacrement, 20, rue Cortambert.

Chapelle Sainte-Geneviève, 24, rue Claude-Lorrain (Notre-Dame d'Auteuil).

Notre-Dame de Consolation, 23, rue Jean-Goujon (Saint-Pierre de Chaillot).

Chapelle, 8, rue François-Ier (Saint-Pierre de Chaillot).

Chapelle, 28 *bis*, avenue George-V (Saint-Pierre de Chaillot).

ÉGLISES RÉFORMÉES

PAROISSE DE PASSY

19, rue Cortambert.

Pasteur : M. Henry SOULIE

2 *Pasteurs suppléants*

Service avec prédication tous les dimanches et jours de fête à 10 h. 1/4.

École du dimanche (pour enfants) à 9 heures.

Union chrétienne de jeunes filles.
Le dimanche de 2 heures à 5 heures.

Patronage (garçons et filles). Tous les jeudis.

Union des jeunes gens. Tous les mercredis soir.

Ouvroir pour dames, 1er, 3e et 4e mardis.

Centre d'œuvres, 10, rue de Musset.

TEMPLE (Chapelle provisoire)

3, rue Lekain.

Pasteur : M. BOEGNER

Offices. Le dimanche à 10 h. 1/4.
École du dimanche à 9 h. 3/4.

Réunion de jeunes gens et jeunes filles.

Études bibliques.

Tous les jours garderie de 4 h. à 6 heures.

PAROISSE D'AUTEUIL

29, rue Boileau.

Pasteur : M. FOULQUIER

Service du dimanche à 10 h. 1/2.
École du dimanche à 8 h. 1/4.

Catéchismes. Dimanche à 9 h. 1/4. Jeudi à 1 heure.

Le Pasteur reçoit au Presbytère le mardi après-midi.

TEMPLES ISRAELITES

31, rue Théry.

M. LIFSCHUTZ : ministre officiant.

24, rue Copernic.

M. Louis Germain LÉVY, rabbin de l'Union Libérale.

ADRESSES UTILES

Bureaux de Poste

Bureau Central du XVIe, n° 16 : place Chopin.
— n° 34 : 29, avenue Marceau.
— n° 53 : 15, rue Poussin.
— n° 71 : 3, place Victor-Hugo.
— n° 75 : 36, rue La Pérouse.
— n° 78 : 16 *bis*, rue Dufrénoy.
— n° 100 : 3, rue de Billancourt.
— n° 106 : 51, rue de Longchamp.

Postes de Police et Commissariats

Bureau du Commissaire de l'Arrondissement :

Muette : 71, rue de la Pompe, (ouvert jour et nuit).
Auteuil : 40, boulevard Exelmans.
Dauphine : 18, rue Mesnil (commissariat).
Chaillot : 4, rue du Bouquet de Longchamp (commissariat).

Casernes de Sapeurs-Pompiers

2, rue des Réservoirs.
9, rue François-Millet (poste central)

Gendarmerie Nationale, 61, boulevard Exelmans.

Contributions Directes

Dauphine et Chaillot : 22, rue des Sablons.
Auteuil et La Muette : 1, rue Desbauches.

Contributions Indirectes, 10, rue Lesueur.

Bureau de l'Enregistrement, 16, rue Duban.

MUSÉES, MONUMENTS, JARDINS, THÉATRES

Arc de Triomphe, place de l'Étoile.

Tous les jours de 10 heures à 4 heures.

Musée Galliera, 10, rue Pierre-Charron et avenue du Président-Wilson.

Musée d'art industriel moderne.

Tous les jours, excepté le lundi, de midi à 4 heures.

Musée Guimet, place d'Iéna (anciennes religions).

Tous les jours, excepté le lundi, de midi à 4 heures.

Musée d'Énery, 59, avenue du Bois.

Musée d'art japonais.

Jardin d'Acclimatation, Bois de Boulogne.

Jardins et Musée du Trocadéro.

Le Musée de Sculpture est ouvert tous les jours, de 11 heures à 4 heures.

Théâtre Populaire du Trocadéro. Direction : M. Gémier. Tél. Passy 95-08.

Le bon Théâtre, 32 *ter*, quai de Passy.

Salle Malakoff, 58, avenue Malakoff. Tél. Auteuil 16-34.

L'ENSEIGNEMENT

PRIMAIRE OU SECONDAIRE

PUBLIC OU PRIVÉ

ÉCOLES DU XVIE ARRONDISSEMENT

ENSEIGNEMENT PUBLIC

Enseignement primaire

Garçons :

21, rue Hamelin.
4, rue Decamps.
48, rue des Belles-Feuilles.
8, rue Chernoviz.
23, rue Boileau.
70, rue du Ranelagh.
20, rue Musset.

Enseignement secondaire

Garçons :

Lycée Janson de Sailly, 106, rue de la Pompe. Téléphone : Passy 86-63.

Filles :

54, rue Boissière.
130, rue de Longchamp.
25, rue de Passy.
64, rue du Ranelagh.
41 *bis*, rue La Fontaine.
185, avenue de Versailles.

Lycée Molière, 71, rue du Ranelagh. Téléphone : Auteuil 14 27.

ENSEIGNEMENT LIBRE

Enseignement primaire

Garçons :

63, rue Boissière (St-Honoré d'Eylau).

28, avenue George-V (St-Pierre de Chaillot).

8, rue Singer (N.-D. de Grâce de Passy).

9, avenue de la Frillière (N.-D. d'Auteuil).

Filles :

10, rue Christophe-Colomb (St-Pierre de Chaillot).

60, rue Raynouard (N.-D. de Grâce de Passy).

154, avenue Victor-Hugo et 66, avenue Malakoff (St-Honoré d'Eylau).

80, rue Boileau (N.-D. d'Auteuil).

Enseignement secondaire

Garçons :

Ecole Gerson, 31, rue de la Pompe.

Ecole Lacordaire et St-Dominique, 35, rue St-Didier.

Externat St-Honoré d'Eylau, 67, rue Boissière. Tél. Passy 56-92.

Externat St-Louis de Gonzague, 10, rue Franklin.

Pensionnat diocésain de Passy, 72, rue Raynouard. Tél. Passy 23-61.

Filles :

Cours Dupanloup (Parc des Princes).

Cours St-Honoré d'Eylau, 66, avenue Malakoff.
Externat de la rue de Lubeck, 6.
Institut de la Providence, 52, rue de la Pompe.
Institut de la Tour, 86, rue de la Tour.
Pensionnat de la Source, 5, rue de la Source.

ÉCOLES, INSTITUTIONS ET COURS PRIVÉS DE GARÇONS

Bousquet, 40, rue La Fontaine.
Brancas, 7, rue Scheffer.
Chauvrot, 13, rue Franklin.
Descartes (Ecole), 44, rue de la Tour.
Duvignau de Lanneau (Ecole), 21, rue Raynouard.
Ecole Universelle (préparation au commerce, études chez soi), 22, rue Boileau.
Galtier (Ecole Industrielle d'Auteuil) (mécanique, électricité), 32 à 38, rue Perchamps.
Hémardinger (Ecole Technique Scientia), 23, rue François-Gérard.
Jeanne d'Arc, 52, rue du Docteur-Blanche.
Jouffroy (Cours), 16, rue Bellini.
Kayser Charavey (Cours), 3, avenue Montespan.
Lefoulon, 33, boulevard Exelmans.
Navon, 59, rue d'Auteuil.
Oriard, 42, rue de la Pompe.
Pascal (Ecole), 33, boulevard Lannes.

Saint-André, 1, rue Davioud.
Saint-Joseph (Externat), 96 *bis*, rue de la Tour.
Sauvageot, 14, rue Louis David.
Sévigné (**Cours**), 171, boulevard Murat.
Tannenberg (de), 70, rue de la Tour.
Vidal (**Ecole**), 51, rue de Passy.

ÉCOLES, INSTITUTIONS ET COURS PRIVÉS DE FILLES

Directrice: :

Ardant (Mme) **Saint-Honoré d'Eylau**, 66, avenue Malakoff.
Barrier (Mme), 43, rue du Ranelagh.
Bayard (Mme) (**Cours d'Aguesseau**), 13, rue Boileau.
Bénard (Mme), 26, rue de la Pompe.
Bouré (Mlle), 16, rue d'Auteuil.
Charlier (Mme), 15, boulevard Flandrin.
Cordemoy (Mme), 1, rue Davioud.
Couttenier (Mme), 24, rue de Longchamp.
Delafosse (Mme), 71, rue de la Pompe.
Delalain (Melle), 44, rue Saint-Didier.
Delaplace (Mme), 8, rue Lekain.
Demaizière (Mme), 25, rue de l'Assomption.
Dezecole (Mme), 52, rue de la Pompe.
Dormoy (Mme), 53, rue de la Tour.
Duriez (Mme), 76, rue de la Tour.
Ecole Universelle (préparation au commerce). Etudes chez soi, 22, rue Boileau.

Gradovitz (Mme de), 25, rue Singer.
Hénin (Mme), 2, place Possoz.
Javillard (Mme), 59, rue Boissière.
Julien (Mme) (**Cours La Fontaine**), 53, rue La Fontaine.
Labarre (**Cours Fénelon**), 123, rue de la Pompe.
Lacascade (Mme), 51, rue Decamps.
Legros (Mme), 40, rue Pierre-Guérin.
Malatret (Mme), 119, rue du Ranelagh.
Malineve (Mlle), (**Inst. Ste-Monica**). Jeunes filles anglaises, 9, rue d'Erlanger.
Marnier (Mme) (**Ecole Jeanne-d'Arc**), 49, rue Chardon-Lagache.
Martin (Mme), 28, rue de l'Assomption.
Monod (Mme), 63, avenue de la Grande-Armée.
Moreau (Mme) (**Inst. Boileau**), 26, rue Boileau.
Nourry (Mme) (**Institut Maintenon**), 72 *bis*, rue Michel-Ange et 75-79, rue d'Erlanger.
Payen (Mme), 4, avenue Ingres.
Pécheux (Mme), 120, rue de la Pompe.
Perret (Mme) 116, avenue Victor-Hugo.
Perrier (Mme) (**Montmorency-School**) Jeunes filles anglaises et américaines, 19, boulevard Montmorency.
Roche (Mlle), 15, rue Cortambert.
Roy (Mme) (**Cours Théophile Gautier**), 4, avenue Perrichont.
Sainte-Marie, 11, rue du Comt-Marchand.
Smyth (Mme), 77, avenue de la Grande-Armée.
Soulagnet (Mme), 8, rue Benjamin-Godard.

Tourtel (Mme), 10, rue Nicolo.
Van der Elst (Mme), 52, rue du Docteur-Blanche.
Warembourg (Mme), 7, rue de la Manutention.
Ziegler (Mme), 113, avenue Victor-Hugo.

La plupart de ces cours reçoivent des petits garçons âgés de moins de 10 ans.

LES ŒUVRES

LEUR ORGANISATION

LES ŒUVRES

LEUR ORGANISATION

Toutes les œuvres du 16e arrondissement de Paris sont principalement représentées par deux associations :

L'Union centrale des œuvres d'assistance du 16e arrondissement. Siège social : mairie du 16e arrondissement, 71, avenue Henri-Martin.

L'Union des œuvres catholiques du 16e arrondissement. Siège social : 87, rue Lauriston.

L'UNION CENTRALE DES ŒUVRES D'ASSISTANCE DU XVIe

L'Union centrale des œuvres, association déclarée à la Préfecture, créée en 1914 par M. le docteur Bouillet, maire du 16e arrondissement, réunit toutes les œuvres de l'arrondissement sans distinction. Elle est administrée par un bureau composé d'un président, de quatre vice-présidents, de quatre trésoriers (représentant les quatre quartiers de l'arrondissement), d'un secrétaire et d'une quinzaine de membres. Son but est de venir en aide aux œuvres par des démarches ou manifestations d'intérêt général, faites en Union Sacrée, ou, par la répartition de subventions entre ces œuvres, suivant leurs besoins. Les fonds permettant cette répartition charitable, proviennent soit de dons offerts personnellement au maire, à l'intention des pauvres de l'arrondissement, soit de souscriptions au profit même de cette Union.

Notons, afin de bien témoigner de l'Union Sacrée que désire maintenir cette association, que le président est M. le docteur Bouillet, maire, et l'un des vice-présidents M. Soulange-Bodin, curé de St-Honoré d'Eylau. Les œuvres ayant bénéficié de ces subventions, sont aussi bien les œuvres neutres que catholiques, protestantes, ou israélites.

L'UNION DES ŒUVRES CATHOLIQUES DU XVIe

L'Union des œuvres catholiques, créée en février 1922, déclarée à la préfecture sous forme d'Association, suivant la loi de 1901, groupe, sur le terrain de leurs intérêts communs, toutes les œuvres catholiques de l'arrondissement. Elle est administrée par un bureau composé de cinq présidents, qui sont les cinq curés des paroisses du 16e, et d'un secrétaire.

Les membres sont les directeurs et directrices de toutes les écoles et œuvres catholiques de l'arrondissement.

Le but est d'étendre par une collaboration

d'efforts l'action charitable des œuvres, de créer un centre de renseignements et d'entr'aide mutuelle, pour l'examen des questions d'ordre privé, qui, si souvent, ont une portée d'ordre général; d'organiser des réunions dont les bénéfices seraient proportionnellement partagés; de susciter de nouvelles initiatives; d'amener à « l'Union » les œuvres encore isolées; enfin, d'aider et les directeurs et les membres des œuvres catholiques à se connaître, à se comprendre et à s'aider mutuellement. Entretenant des rapports avec les services administratifs de l'arrondissement, elle simplifie, et remplace par des démarches collectives, les démarches individuelles, obtenant plus aisément gain de cause, par la force de son groupement.

RAPPORTS ENTRE LES DEUX « UNIONS »

Les rapports sont fréquents, et tout à fait officiels. L'Union Centrale s'adresse à l'Union catholique, pour avoir les renseignements qu'elle désire sur les œuvres catholiques, ou tel ou tel individu. C'est par son entremise qu'elle obtient le concours de tous les catholiques de l'arrondissement. Par contre, l'Union catholique est chargée de présenter à l'Union centrale de la mairie, les besoins ou les revendications de ses œuvres, et de lui apporter le concours cordial de ses membres.

Elles collaborent ensemble en toute fraternité, dans tout ce qui peut intéresser les œuvres, secourir les pauvres, et par là, améliorer la vie des habitants de leur arrondissement.

UNION CENTRALE
DES ŒUVRES D'ASSISTANCE DU XVIe

71, avenue Henri-Martin.

I. ŒUVRES GÉNÉRALES ET DE DOCUMENTATION

Union d'assistance du XVIe, 71, avenue Henri-Martin, reconnue d'utilité.

Secours aux indigents par le travail. Pour les femmes, il leur est procuré des travaux de couture qui par la suite sont exposés et vendus : 159, rue de la Pompe. Pour les hommes, il existe des ateliers de fabrication de lingots résinés, 7, avenue de Versailles.

Salaire proportionnel au travail.

Association philanthropique du XVIe, 6, rue Copernic.

Fondée par M. Paul Daumont.

Consultations médicales et juridiques gratuites, placement, colonies de vacances.

Permanence tous les matins.

1. Les œuvres précédées d'un astérisque sont les œuvres catholiques dont la plupart sont reportées dans la partie *Union des œuvres catholiques*.

2. Quelques œuvres à but purement moral ou documentaire ne sont pas inscrites à l'Union centrale; néanmoins nous avons cru bon de les mentionner afin de donner à nos lecteurs une nomenclature plus complète.

Office français des intérêts féminins, secrétariat, 2, rue Gaston-Saint-Paul. Passy 97-01.

A pour but de renseigner utilement les femmes sur leurs droits, les lois qui les concernent, les carrières qui leur sont ouvertes, les écoles où elles peuvent entrer, la durée d'apprentissage d'un métier, ses avantages, ses inconvénients, les aptitudes qu'il nécessite, les salaires qu'il procure, etc. Fournit les adresses, conditions d'admission et règlement des dispensaires, crèches, jardins d'enfants, patronages, homes, restaurants à bon marché, sociétés d'études, de sports, etc. Elle offre une documentation complète, classée par dossier, et pouvant être consultée sur place, à toutes les personnes désirant des renseignements sur les questions intéressant les femmes et les enfants.

Permanence jeudi et samedi, de 2 à 5 heures.

Conseil national des femmes françaises, 1, avenue Malakoff.

A pour but d'être le lien entre toutes les œuvres, sociétés, groupements, s'occupant des droits de la femme, de ses devoirs, de ses intérêts, dans la société et la famille.

Association de bienfaisance du lycée Molière, 71, rue du Ranelagh.

Association d'élèves, dont le but est de venir en aide aux femmes et aux enfants, par des secours et dons en nature (voir *Colonies de vacances*).

***Œuvres de l'école Gerson,** 31, rue de la Pompe.

Association fondée par les anciens élèves. A pour

but d'aider les œuvres et de secourir les pauvres, visites, secours, placement, envoi d'enfants pauvres en colonies de vacances, jardins ouvriers, etc. (Voir *Colonies et jardins ouvriers.*)

***Œuvres de l'école Saint-Louis-de-Gonzague**, 10, rue Franklin.

Association d'anciens élèves; vient en aide aux indigents. (Conférence de Saint-Vincent-de-Paul.)

***Action populaire de Reims**, 51, rue Saint-Didier.

Fondée en 1903, est un centre intellectuel et un foyer de propagande mis au service de tous les esprits ouverts. (Études doctrinales, documentation religieuse et sociale, compétence technique.)

(Voir *Presse.*)

*ŒUVRES PAROISSIALES

Saint-Pierre-de-Chaillot, 26, rue de Chaillot.

Notre-Dame-de-Grâce-de-Passy, 10, rue de l'Annonciation.

St-Honoré-d'Eylau, 9, place Victor-Hugo.

Notre-Dame d'Auteuil, 2, place d'Auteuil.

Notre-Dame-de-la-Miséricorde de Passy, 88, rue de l'Assomption.

(La nomenclature de ces œuvres est donnée dans la partie « Union des Œuvres catholiques »).

II. MATERNITÉ

Permanence d'assistance maternelle, 71, avenue Henri-Martin (mairie du XVIe).

Tout ce qui intéresse les mères et les enfants.

Permanence : mardi, jeudi et samedi, de 2 heures à 5 heures.

Société maternelle « La Pouponnière », 4, rue Boissière (lundi, mercredi, vendredi, de 2 à 5 heures).

A pour but de créer sous toutes les formes ce qui peut être utile et protéger la mère et l'enfant.

Œuvre du Point-du-Jour, 214, avenue de Versailles.

Gynécologie, mardi, 1 heure.

1er et 3e mardi, de 1 h. 1/2 à 2 1/2, pour les femmes enceintes.

Lundi et vendredi, 13 heures, consultations de nourrissons.

L'Allaitement maternel, 9, rue Jean-Baptiste-Dumas; 102, avenue Malakoff.

Facilite à la mère l'allaitement de son enfant.

Visiteuses, médecins, secours de toute nature.

Œuvres des mères et des enfants de la guerre, reconnue d'utilité publique, 111, avenue Victor-Hugo.

Permet aux mères d'allaiter leurs enfants en les hospitalisant pendant la durée de l'allaitement (environ 1 an). L'œuvre comprend 7 refuges maternels pour les enfants et 3 petits foyers maternels. Permanence tous les jours non fériés de 9 heures à 12 heures et de 2 heures à 6 heures. Visites pour l'admission des enfants, vendredi 11 heures.

Sections de la Société de charité maternelle de Paris, 23, rue Jouvenet; 68, rue du Ranelagh; 78, rue Lauriston; 10 *bis*, rue Christophe-Colomb.

Dispensaires de l'Assistance publique, 23, rue Jouvenet, mardi et vendredi, 9 heures; 68, rue du Ranelagh : mercredi et samedi, 9 h.; 78, rue Lauriston : mardi et vendredi, 9 heures.

Inscription des malades tous les jours de 8 heures à 9 heures.

Dispensaires privés, 214, avenue de Versailles; 18, rue Léonard-de-Vinci; 46, rue de Passy.

Section de la Mutualité maternelle de Paris et de la Ligue française des mères de famille, 214, avenue de Versailles; 62, rue Raynouard.

III. PREMIER AGE

Société des crèches, 15, avenue d'Iéna, reconnue d'utilité publique.

Fondée par M. Marbeau, a pour but d'entretenir, de créer, de soutenir les crèches. Elle publie dans son bulletin les statistiques et les états de toutes les crèches, environ 500.

Crèches du XVIe arr., 9, rue François-Millet (œuvre nouvelle des crèches parisiennes).

Permet aux mères en gardant leurs enfants de continuer à travailler. Les femmes payent 1 franc par jour, l'enfant est nourri et entretenu. Si la mère allaite son enfant, le prix n'est que de 50 cent. sans distinction de religion ou d'état civil.

Crèche du Point du Jour, 22 *bis*, rue Claude-Lorrain.

30 lits.

Ces deux dernières crèches dépendent de l'Œuvre nouvelle des Crèches parisiennes.

***Crèche Sainte-Marie**, 117, avenue Victor-Hugo.

Direction, Sœurs de la Sagesse. 30 lits,

Œuvre des « Nouveau-nés », 71, avenue Henri-Martin (mairie du XVIe).

A pour but de visiter les nouveau-nés et de donner aux mères des conseils pratiques d'hygiène, pour la tenue et l'allaitement de leurs enfants, de procurer aux mères nécessiteuses des layettes, des berceaux, des couvertures; de leur fournir tous renseignements nécessaires et de faciliter toutes démarches utiles pour l'obtention de secours, soit de l'Assistance publique, soit des Œuvres privées s'occupant de l'enfance.

Institut de puériculture de la Pouponnière de Porchefontaine, 4, rue Boissière.

(Voir Société maternelle parisienne, dont elle dépend).

Asile d'allaitement, consultations, enseignement, formation d'infirmières d'enfants.

Consultations de nourrissons, 18, rue Léonard-de-Vinci : mardi, 1 h. 1/2 ; 30, rue La Fontaine : samedi; 10 heures ; 113, avenue Victor-Hugo : mercredi et vendredi, de 9 heures à 11 heures ; 214, avenue de Versailles : lundi et vendredi 1 h. 1/2 ; 3, rue Claude-Chahu, mercredi, de 10 à 12 heures.

Œuvre de la goutte de lait de Passy, 3, rue Claude-Chahu.

Consultations, distribution de lait.

Distribution de lait :

214, avenue de Versailles. Lundi et vendredi, 1 h. 1/2 ; mardi, jeudi, vendredi, 8 h. 1/2.

18, rue Léonard-de-Vinci. Consultations prénatales, jeudi 9 heures.

3, rue Claude-Chahu. Tous les jours de 8 heures à 10 heures.

113, avenue Victor-Hugo.

30, rue La Fontaine, de 9 heures à midi.

Écoles maternelles publiques :

64, rue Chardon-Lagache ; 6, rue Chernoviz : 66, rue du Ranelagh ; 130, rue de Longchamp ; 56, rue Boissière. Pour les enfants au-dessous de 7 ans.

Tous les jours (dimanche excepté) de 8 heures à 11 h. 1/2 et de 1 heure à 6 heures 1/2, préparation aux écoles primaires.

***École maternelle privée,** 80, rue Boileau.

Pour enfants au-dessous de 7 ans. Préparation à l'école primaire.

***Garderie d'enfants,** 12 *bis*, rue Pergolèse,

Avec consultation médicale.

Vaccinations gratuites, 71, avenue Henri-Martin (Mairie);

30, rue La Fontaine. Jeudi.

IV. ENFANTS

Caisse des écoles du XVIe Arrt., 71, avenue Henri-Martin.

A pour but d'encourager et de faciliter la fréquentation des écoles, par des récompenses aux élèves assidus et par des secours aux élèves indigents :

1° Vêtements et chaussures aux enfants pauvres;

2° Cantines scolaires (gratuite aux enfants pauvres);

3° Colonies scolaires;

4° Excursions scolaires.

(En 1922, les enfants lauréats du certificat d'études, ont visité les champs de bataille de l'Oise et de l'Aisne).

Dispensaire pour enfant, 30, rue La Fontaine.

Fondation Simon Lazard.

Consultations gratuites, chirurgie et médecine de 9 heures à 1 heure.

Pansements, massage, électricité (vaccination le

jeudi). Tous les jours de 9 heures à 12 heures et 2 heures à 6 heures.

Société du refuge du Plessis-Picquet. Reconnue d'utilité publique, 22, rue Franqueville.

L'œuvre a pour but de recueillir, d'élever et de moraliser les enfants abandonnés du sexe masculin, appartenant au culte israélite. Elle donne à ses pupilles l'instruction primaire, et leur enseigne des professions manuelles, principalement l'agriculture, avec les industries qui s'y rattachent.

ORPHELINS ET VEUVES

Œuvre de Sainte-Anne, 27, rue Chardon-Lagache.

Placement, de préférence dans des communautés religieuses, de petites filles pauvres, abandonnées ou orphelines de la Ville de Paris, en vue de leur donner une instruction, et une éducation morale et religieuse. Admission dans la limite des ressources de la société.

***Œuvre des orphelins apprentis,** 40, rue La Fontaine.

(Fondée par l'abbé Roussel). Éducation chrétienne et apprentissage d'un métier, aux orphelins ou enfants abandonnés, âgé de plus de 12 ans.

Pension suivant la situation de la famille.

***Œuvre de la première Communion,** 40, rue La Fontaine.

Préparation à la première Communion, de garçons âgés de plus de 12 ans.

***Œuvre des petites préservées, 24, rue Claude-Lorrain.**

Dirigée par les Sœurs de Marie-Joseph. L'œuvre reçoit gratuitement, les petites filles abandonnées, ou en danger moral. Plus tard, elles sont placées par leurs bienfaitrices, qui restent généralement en relation avec elles.

Caisse des orphelins du XVIᵉ. Reconnue d'utilité publique, 71, avenue Henri-Martin.

A pour but de remplacer auprès de l'enfant ses parents en veillant à son éducation, à son enseignement, à son apprentissage, etc...

Orphelinat Parent de Rosan (Legs), 122, avenue de Versailles; 3, villa de la Réunion.

Élève complètement 12 enfants, qu'il dote à leur sortie de l'orphelinat.

***Orphelinats paroissiaux,** 60, rue Raynouard; 117, avenue Victor-Hugo.

Pour enfants et jeunes filles.

(Voir *Notre-Dame de Grâce et Saint-Honoré d'Eylau*.)

***Œuvre catholique de l'éducation secondaire des orphelins de guerre,** 12, rue Franklin.

Aide aux orphelins.

Les Pupilles corses, 47, rue de la Tour.

Association fondée pour favoriser l'éducation

familiale des orphelins corses de la guerre. Aide pécunièrement et moralement tout particulier, qui, parent ou non du pupille, le recueillera à son foyer pour lui donner les soins, l'instruction et l'éducation nécessaires.

Les Pupilles de la Nation.

Pour les enfants des soldats ou officiers morts au Champ d'Honneur ou des suites de maladie contractée aux armées. S'adresser les : mardi, jeudi et samedi de 2 heures à 5 heures au Secrétariat des Pupilles de la nation, mairie du XVIe, 71, avenue Henri-Martin.

VEUVES

Association des veuves protestantes de Paris, 80, avenue du Bois de Boulogne.

Président : le pasteur Apia. Visites domiciliaires par une visiteuse qui rend compte au Comité du résultat de ses enquêtes; ce dernier répartit les secours suivant les besoins.

*Section de l'Œuvre des Bons-Enfants dont le siège est 21, rue des Bons-Enfants.

Secours, conseils aux veuves, 64 *bis*, rue Théophile-Gautier, 117, avenue Victor-Hugo.

(Voir aussi *Secrétariats des familles. Placement, renseignements.*)

ŒUVRES DE PLACEMENT A LA CAMPAGNE

Bureau de placement à la campagne

(enfants de familles nombreuses ou de parents tuberculeux), 71, avenue Henri-Martin (Mairie du XVIe).

Mardi, jeudi et samedi, de 2 heures à 5 heures. Bureau de l'Assistance maternelle.

École Saint-Michel (Morbihan), 120, rue de la Pompe.

Placement catholique d'enfants pauvres de 7 à 16 ans. Le but est de les soustraire aux misères de leur milieu, de les former moralement et physiquement en leur apprenant un métier.

De 7 à 13 ans, école primaire; de 13 à 16 ans, apprentissage (agriculture, jardinage, mécanique, menuiserie, cordonnerie, etc...) S'adresser à M. Guillet, 120, rue de la Pompe de 1 heure à 1 heure 30.

Œuvre israélite des séjours à la campagne, 22, rue de Franqueville.

Colonies de vacances et œuvres de plein air, pour enfants des deux sexes de 4 à 14 ans. L'Œuvre accepte les enfants qui lui sont confiés soit par l'Administration, soit par des œuvres privées. S'adresser au Secrétaire : 22, rue de Franqueville.

***Œuvre de plein air de la marche.**

Colonies de vacances, home familial, œuvre de la semaine anglaise, etc... (voir *Œuvres de plein air de l'Association de la Marche*).

COLONIES DE VACANCES

L'Edelweiss, 8, rue d'Auteuil.

Colonies de vacances en Savoie. En période de réorganisation.

Colonie de vacances du Touring-Club, 65, avenue de la Grande-Armée.

Organise des camps de vacances et d'éducation physique et morale. Pour les garçons : camp des Mesnuls en Seine-et-Oise, camp de Clermont en Argonne et camp de Deauville (Calvados). Pour les filles, camp de Deauville (Calvados). Prix uniforme : 5 francs par jour.

Colonie de l'Église réformée de la rue Cortambert, 19, rue Cortambert.

Envoi à la campagne d'enfants pauvres du patronage.

***Œuvre de bienfaisance Gerson,** 31, rue de la Pompe.

Placement d'enfants dans des colonies de vacances déjà formées (voir *Œuvres générales*).

Colonie de l'hôpital dispensaire Léonard-de-Vinci, 18, rue Léonard-de-Vinci.

Placement d'enfants chétifs des deux sexes.

Colonie de vacances du lycée Molière, 71, rue du Ranelagh.

Placement d'enfants pauvres à la campagne. (Voir *Œuvres générales*, Association lycée Molière).

***Colonies de vacances paroissiales, Saint-Honoré d'Eylau, Notre-Dame de Grâce de Passy, Saint-Pierre de Chaillot et Notre-Dame d'Auteuil.**

(Voir partie *Union des Œuvres catholiques*).

Colonie Notre-Dame d'Espérance, 78, rue La Fontaine.

Sœurs de l'Immaculée-Conception.
Placement collectif.

Colonie du patronage Jules-Ferry, 130, rue de Longchamp.

V. ADOLESCENTS

Pour la formation des instituteurs des écoles primaires de la Seine.

École normale primaire d'instituteurs, 10, rue Molitor.

ENSEIGNEMENT TECHNIQUE POUR LES GARÇONS

ENSEIGNEMENT DE LA VILLE

Comité de patronage des apprentis du XVIe Arrt. 71, avenue Henri-Martin.

Conseils, placement, renseignements. S'adresser à M. le général Curmer : mairie du XVIe avenue Henri-Martin, 71. Mardi et jeudi de 10 h. 1/2 à midi.

Enseignement du travail manuel dans les écoles primaires.

4, rue Decamps (travaux de bois);
20, rue Musset, mercredi et vendredi :
8, rue Chernoviz (bois et fer).

Cours gratuits d'enseignement.

4, rue Decamps.

(Dessin industriel. Dessin à vue de 20 à 22 heures, tous les jours, samedi excepté.

20, rue Musset.

(Enseignement primaire, comptabilité, arithmétique, géographie, langues vivantes. Cours commerciaux de 20 à 22 heures, jeudi excepté).

Amicale d'anciens élèves, 4, rue Decamps.

Dimanche matin de 9 heures à 12 heures, musique, sténographie, récitation, solfège, préparation militaire, etc...

École supérieure municipale Jean-Baptiste Say, 11 *bis*, rue d'Auteuil.

Cette école est destinée aux jeunes gens qui se préparent au commerce, à la banque et à l'industrie, ainsi qu'aux grandes écoles professionnelles. Cours élémentaires pour les enfants à partir de six ans. Cette école reçoit des pensionnaires, des demi-pensionnaires, des externes surveillés et des externes simples.

ENSEIGNEMENT PRIVÉ

***Œuvre des orphelins apprentis,** 40, rue La Fontaine.

(Voir *Orphelins*).

Société du réfuge du Plessis-Picquet, 22, rue de Franqueville.

Œuvre israélite. (Voir *Enfants*).

***Cours professionnels des œuvre sparoissiales**, 63, rue Boissière, 7, avenue de la Frillière, 8, rue Singer ; 32, rue de Lonchamp.

(Voir partie *Union des Œuvres catholiques*).

Comité d'apprentissage, 54, avenue de Versailles.

Atelier-école d'apprentissage des industries du bois (ébénisterie, sculpture, etc...). M. Villaret, directeur, lundi de 5 à 7 heures, jeudi de 1 heure à 5 heures.

ENSEIGNEMENT TECHNIQUE POUR LES FILLES

ENSEIGNEMENT DE LA VILLE

Cours professionnels gratuits, 71, avenue Henri-Martin (Mairie).

Pour les jeunes filles ayant eu leur certificat d'études primaires. Couture, lingerie, coupe, etc... Sténographie et dactylographie. Tous les jours l'après-midi de 1 heure à 6 heures 1/2.

Cours gratuits d'enseignement commercial, 25, rue de Passy.

Pour préparer les jeunes filles au commerce, tous les soirs de 19 heures à 21 heures, samedi excepté. (Comptabilité, arithmétique, législation commerciale, géographie, écriture, etc...)

ENSEIGNEMENT PRIVÉ

***Cours de l'Union centrale des syndicats**

professionnels de la rue de l'Abbaye, 60, rue Raynouard, 117, avenue Victor-Hugo.

***Groupement professionnel féminin,** 64 *bis*, rue Théophile-Gautier.

***Ateliers chrétiens,** 60, rue Raynouard, 154, avenue Victor-Hugo.

Tous les jours, dimanche excepté (lingerie, couture, repassage, etc...), 30, avenue George-V.

Cours de l'Association féminine pour l'étude et l'action sociales, 56, rue du Docteur-Blanche.

Le but de l'œuvre est d'établir des programmes conformes à la loi Astier; de donner à des professeurs la formation normale requise; de multiplier et d'aider les centres d'enseignement professionnel complémentaire; de créer des commissions professionnelles.

***Cours de philosophie,** 66, avenue Malakoff (Voir *Saint Honoré-d'Eylau*).

École hôtelière féminine, 7, boulevard Beauséjour. Tél. Auteuil : 23-01.

Œuvre du Syndicat général de l'industrie hôtelière de Paris « les Hôteliers français », 14, rue J.-J.-Rousseau. Son but est de préparer les jeunes filles par une formation complète à assumer la direction d'un hôtel. Durée des cours : trois mois.

* **Cours ménagers,** 117, avenue Victor-Hugo.

Voir *Union des Œuvres catholiques* (Saint-Honoré d'Eylau).

*** Scholas paroissiales.**

Voir *Union des Œuvres catholiques* (Saint-Honoré, d'Eylau et Notre-Dame d'Auteuil).

Harmonie de la Muette, siège social : palais du Trocadéro.

Groupement de musiciens amateurs, participation aux concerts, fêtes de charité, etc.

ENSEIGNEMENT TECHNIQUE POUR LES DEUX SEXES

Cours de l'Association Polytechnique, 54, rue Boissière (Ecole municipale).

Mardi, de 20 à 21 heures : Langue française; de 21 à 22 heures : Littérature française.

Mercredi, de 20 à 22 heures : Lecture expressive et Diction.

Jeudi, à 20 heures : Langue anglaise (cours élémentaire ; à 21 heures : Langue anglaise (cours supérieur).

Vendredi, à 20 h. 1/4, Sténographie (cours élémentaire); à 21 h. 1/4. Sténographie (cours moyen et supérieur).

Samedi, de 20 1/2 à 22 heures : Éducation physique pour jeunes filles.

2° *Cours professés au Palais du Trocadéro* :

Dimanche, à 9 heures : Photographie (cours élémentaire); à 10 heures : Photographie (cours supérieur); à 11 heures, Photographie en couleurs.

Cours de l'Union Française de la Jeunesse, 71, avenue Henri-Martin; 23, rue Boileau.

T. S. F. Théorie et pratique, Sténographie. Mercredi, à 20 h. 15; anglais : Jeudi et Samedi, à 20 h. 15 ; anglais, diction, violon, piano, dessin, etc., tous les soirs de 20 à 22 heures.

Cours des langues étrangères, 71, avenue Henri-Martin.

Anglais : les mardi, mercredi, vendredi et samedi, de 5 à 7 heures, suivant la 1re, 2e ou 3e année.

ŒUVRES D'ÉDUCATION

Jeunes gens :

***Patronages des garçons**, cours, réunions, bibliothèque, etc.

Voir partie « *Union des Œuvres Catholiques* ».

Saint-Pierre de Chaillot, Notre-Dame de Grâce de Passy, Saint-Honoré d'Eylau, Notre-Dame d'Auteuil.

***Les Scouts de France**, 67, rue Boissière. Fédération Nationale Catholique.

Formation physique, morale, religieuse, intellectuelle par les méthodes, principes et exercices du scoutisme (Voir *Saint-Honoré d'Eylau*).

ŒUVRES SPORTIVES ET DE PLEIN AIR

***Union Sportive d'Auteuil**, Société agréée du Gouvernement. N° 8.294. Allée du Bas-Meudon, Ile Saint-Germain. Siège Social : 7, avenue de la Frillière.

Terrain de sports, ouvert aux jeunes gens du Patronage d'Auteuil, fondé en 1914 (football, basket ball, athlétisme, gymnastique, tennis, préparation militaire), reçoit pour la préparation militaire des candidats de tout Paris. Pour tous renseignements, accès au terrain, locations, s'adresser au Président, M. Hebrard, 7, avenue de la Frillière. Paris.

***Association de la Marche.**

(Œuvre de plein air de la Marche). Marnes-la-Coquette (Seine-et-Oise).

Siège Social : 87, rue Lauriston, Paris (XVIe).

Présidents d'honneur : Son Eminence le Cardinal Dubois, le Général de Castelnau.

L'Œuvre de plein air de la Marche, propriété d'une Association déclarée, couronnée par l'Académie Française, agréée du Gouvernement, a organisé à 10 kilomètres de Paris, dans un cadre de pelouses, d'étang et de verdure de 16 hectares, siège autrefois d'un célèbre hippodrome, un véritable consortium d'œuvres de plein air. On y trouve, en effet, à l'usage des seules classes laborieuses de la capitale et du XVIe arrondissement en particulier :

1° *Un Stade omnisport* :

Gymnastique et préparation militaire, athlétisme, football (4 terrains), basket ball, patinage, canotage, natation, tennis, tir, escrime, etc., etc., toutes les formes de l'éducation physique trouvent à la Marche leur abri. On y a dessiné un beau terrain d'honneur entouré d'une main courante et installé des vestiaires spacieux avec hydrothérapie (lavabos et douches).

2° *Des colonies de vacances pour écoliers.*

Dans de beaux baraquements en bois de 28 mètres

sur 6 mètres on reçoit, de juillet à octobre, des colonies de vacances d'écoliers, qui trouvent là-bas dortoirs, réfectoires, salles de jeux et surtout de la verdure et de l'espace.

3° *Une école de plein air* (printemps 1923).

Les enfants chétifs (mais non malades) des familles employées ou ouvrières, sont pris comme pensionnaires et reçoivent chaque jour des leçons d'éducation physique et d'instruction primaire.

4° *L'Œuvre de la « Semaine anglaise ».*

Nos jeunes gens de 14 à 25 ans qui travaillent, ne savent où passer leur samedi après-midi et leur dimanche, surtout pendant l'été. A la Marche, on les retient loin de la capitale étouffante et des dangers de la rue.

5° *Une pension de famille.*

Non seulement les jeunes gens, mais les familles des « anciens » qui appartiennent à nos œuvres profitent de nos installations. Ils y passent de saines journées. Des pavillons ont été spécialement cloisonnés et des chambres leur sont louées pour une somme modique.

6° *Un restaurant à bon marché.*

Pour nourrir tout ce monde, on a ouvert un restaurant à bon marché où l'on peut se procurer des boissons hygiéniques et des repas complets. Son aspect de petite ferme normande lui donne un charme tout particulier.

7° *Un théâtre de verdure.*

Pour répondre à des désirs souvent exprimés, on

organise dans un des endroits les plus beaux du parc un *théâtre de verdure.*

8° *Une œuvre de haute moralité et de formation religieuse.*

Des réunions sont organisées, où on rappelle aux membres leurs devoirs. Une chapelle rustique consacrée à Notre-Dame de Lourdes, permet de célébrer la sainte messe, les différents offices et des *retraites.*

Pour tout accès à l'œuvre de plein air de la marche, s'entendre avec le directeur M. l'abbé Aubert, 87, rue Lauriston, Paris XVIe arrondissement. (Tél. Passy : 57-97).

Jeunes filles :

***Patronages des filles**, cercles, bibliothèque, réunions, etc.

Voir partie *Union des Œuvres catholiques.*

Saint-Pierre de Chaillot, Notre-Dame de Grâce de Passy, Saint-Honoré d'Eylau, Notre-Dame d'Auteuil.

Eugène Manuel, 185, avenue de Versailles.

Patronage laïque de Jeunes Filles. En réorganisation.

Cercle International des Étudiants, 10, rue de Musset.

Salle Albert, fêtes gratuites organisées pour distraire les ouvriers, le dimanche après-midi.

Association protestante de Bienfaisance de Passy, 19, rue Cortambert.

Réunions de jeunes gens tous les mercredis soirs. Pour les jeunes filles, salle Albert, 10, rue de Musset, tous les jours.

Union nationale française des Amis de la Jeune Fille, 2, rue Singer.

***Protection de la Jeune Fille.**

Permanence : Jeudi après-midi. (Voir *Union des Œuvres catholiques*).

***Missions de midi.**

Œuvre catholique de protection et d'évangélisation pour les jeunes filles employées dans les divers bureaux : conférences, réunions, etc... (Voir partie *Union des Œuvres catholiques*, Saint-Honoré d'Eylau).

VI. ADULTES

VII. ASSISTANCE PAR LE TRAVAIL

Union d'Assistance du XVIe arrondissement, 71, avenue Henri-Martin (mairie du XVIe).

Reconnue d'utilité publique. Vient en aide, en procurant du travail aux femmes et aux hommes nécessiteux. (Voir Œuvres générales).

Œuvre de l'hospitalité par le travail, 52, avenue de Versailles. Tél. Auteuil 02-34.

Son but est d'offrir un abri temporaire gratuit sans distinction de nationalité ou de religion, à toute femme ou fille sans asile, décidée à chercher dans le travail le moyen de gagner honorablement sa vie. Les pensionnaires sont employées à des travaux de blanchissage, repassage, couture, etc... Elles sont logées, blanchies gratuitement, et la plupart reçoivent des vêtements. L'Œuvre les garde 40 jours ou plus. Elle les occupe et leur facilite les moyens de trouver une place par une sortie hebdomadaire.

Dirigée par les Religieuses de Notre-Dame du Calvaire de Gramat (Lot).

Union des femmes artistes, musiciennes, lyriques et instrumentistes, 77, avenue Malakoff.

Présidente : Mme TASSART.

Groupe les amateurs de musique en vue de secourir par le placement, le vestiaire, les secours, les artistes musiciennes pauvres. Lundi et vendredi de 2 heures à 3 heures.

FOURNEAUX ET SOUPES POPULAIRES

Fourneaux de la Société philanthropique, 78 *bis*, rue Boileau. Sœurs Sainte-Marie. 68, rue du Ranelagh. Sœurs St-Vincent de Paul.

du 1er novembre au 1er mai, de 8 heures à 1 heure.

***Œuvres paroissiales.**

(Voir partie *Union des œuvres catholiques*).

Cantine à bon marché de l'Œuvre de l'hospitalité du travail, 52, avenue de Versailles.

VESTIAIRES

Vestiaire du Cercle familial, 128, avenue de Versailles. Dépendant du « Foyer Temporaire ».

(Voir *Maisons de Famille*).

Œuvre du vestiaire du XVIe arrondissement, 71, avenue Henri-Martin (Mairie). Reconnue d'utilité publique.

Distribution de vêtements après enquêtes, et sur la présentation d'un bon, tous les mercredis, de 9 heures à midi. Les demandes de bons doivent être adressées à Mme la Présidente du vestiaire du XVIe, 71, avenue Henri-Martin.

Vestiaire de l'œuvre de l'hospitalité du travail, 52, avenue de Versailles.

(Voir partie *Assistance*).

Vestiaire de l'œuvre libératrice, 1, avenue Malakoff.

(Voir *Relèvement*, *Œuvre libératrice*).

****Vestiaire de l'œuvre générale des patronages**, 8, rue Cimarosa.

Pour les enfants pauvres des patronages catholiques, vendredi, de 2 heures à 4 heures 1/2. Novembre à mai.

ASILES TEMPORAIRES

Œuvre de l'hospitalité du travail

(Femmes), 52, avenue de Versailles. Tél. Auteuil : 02-34.

(Voir partie *Adultes*).

Œuvre du foyer temporaire, 128, avenue de Versailles.

(Asile dépendant du foyer temporaire, voir *Maisons de famille*).

Œuvre libératrice, 1, avenue Malakoff.

Pour les femmes tombées (voir partie *Relèvement*).

VIII. PLACEMENT ET RAPATRIEMENT

Union féminine française, 29, rue Davioud.

Soutient de toute manière les femmes, quelle que soit la difficulté de leur situation. Appui moral, recommandation, placement gratuit.

Permanence : 30, faubourg Saint-Honoré.

* **Secrétariat des gens de maison**, 37, rue de Chaillot.

Placement gratuit de gens de maison.

Tous les jours de 2 à 4 heures, jeudi et dimanche exceptés.

* **Association des servantes de Marie pour la préservation des jeunes filles en service et des ouvrières sans famille**, 62, rue Nicolo.

Pour la préservation des jeunes filles éloignées de leur famille et des ouvrières orphelines.

L'œuvre, en attendant qu'elles aient trouvé une situation, les nourrit, les loge, et leur prodigue en cas de maladie des soins médicaux pour un prix très modeste.

Association confraternelle et mutuelle du personnel enseignant, 6, rue de l'Annonciation.

Secourt les Sociétaires dans leurs infortunes passagères, organise des fêtes et des réunions à leur profit.

Création de cours, cercles, restaurants, etc...

Office de renseignements, conseils.

Bureau de placement. Société de secours mutuels.

Tous les jours de 8 heures à 11 h. 3/4 et de 2 heures à 4 h. 3/4, sauf le mercredi.

Dimanche, de 9 heures à 11 h. 1/2 et de 2 à 5 heures.

* **Bureau de placement gratuit**, 63, rue Boissière.

Section du Syndicat des employés.

Placement : dimanche matin de 10 heures à midi et jeudi soir de 20 à 22 heures.

* **Office familial**, 63, rue Boissière.

Groupement d'entr'aide créé entre les familles de situation modeste, en vue de leur procurer des secours immédiats (travail à domicile, logement, consultations juridiques, renseignements, etc...)

Permanence : 63. rue Boissière, mercredi et vendredi, de 2 heures à 5 heures.

Section d'entr'aide à domicile.

Maladies, naissance, etc..., permanence tous les matins de 9 heures à 11 h. 30.

* **Association catholique des chefs de famille,** 67, rue Boissière.

Défend les intérêts et les droits des chefs de famille, au foyer, à l'école, et dans l'État. Permanence le dimanche de 10 heures à 11 h. 30, 67, rue Boissière. (Voir *Union des Œuvres catholiques*. Saint-Honoré d'Eylau).

Œuvre syndicale patronale de placement du personnel du bâtiment, 1, villa George-Sand, 26, rue George-Sand.

Fondée par la Société nationale des architectes de France. Placement gratuit, tous les matins de 8 heures à 9 heures.

Peinture et décoration du bâtiment, 55, rue Molitor.

Société amicale créée pour favoriser l'apprentissage des jeunes gens peintres en bâtiment, décorateurs, etc. A fondé des écoles professionnelles, 55, rue de la Chapelle, 6 rue du Chevalier de La Barre, 189 et 62, rue Tiquetonne. Cours théoriques et pratiques, placement des apprentis.

IX. MAISON DE FAMILLE

Le foyer temporaire, 128, avenue de Versailles. Reconnue d'utilité publique.

Reçoit gratuitement les femmes et les jeunes filles sans travail. (Artistes, institutrices, employées, etc...) Visite de l'Œuvre, mardi et jeudi de 2 heures à 5 heures. (Direction catholique).

* **Maison de famille de l'Association des servantes de Marie**, 62, rue Nicolo.

(Voir *Placement*, Association des servantes de Marie).

* **Maison de famille des sœurs servantes du Sacré-Cœur**, 12 *bis*, rue Pergolèse.

Pour les jeunes filles, ouvrières et employées.

Maison Rochambeau, 51, boulevard de Montmorency.

Les Semeurs, fondée par le Conseil Catholique Américain. Reçoit les jeunes filles et les dames de 18 à 30 ans, dans le but de leur procurer un centre familial catholique, conférences, cercles, etc. 50 lits. 9 francs par jour.

S'adresser à Mme la Directrice.

* **La Ruche Malakoff**, 30, avenue Malakoff.

Œuvre dirigée par les religieuses du Saint-Nom de Jésus. Reçoit les jeunes filles de 15 à 25 ans, présentant des références. Prix très modérés.

***Religieuses du St-Sacrement**, 56, avenue Malakoff.

Pension pour dames et jeunes filles.

Maison de famille pour garçons (Comité d'apprentissage), fondée par M. Houdart. 196, boulevard Malesherbes, 54, avenue de Versailles.

Œuvre Laubespin. Internat pour apprentis avec restaurant. M. Riteau, directeur.

Lundi, de 5 à 7 heures; Jeudi, de 1 à 5 heures. (Voir *Œuvres Paroissiales*).

BIBLIOTHÈQUES POPULAIRES

Bibliothèques populaires municipales, 71, avenue Henri-Martin, 20, rue de Musset, 21, rue Hamelin, 70, rue du Ranelagh.

Tous les soirs, de 8 à 10 heures; le dimanche matin, de 9 à 11 heures.

Prêts gratuits de livres à domicile.

Bibliothèque populaire des amis de l'Instruction du XVIᵉ arrondissement, 179 bis, avenue de Versailles.

Tous les soirs, de 8 à 10 heures; et dimanches matin, de 10 heures à midi.

* **Bibliothèque paroissiale de Chaillot,** 27, rue de Chaillot.

* **Bibliothèque paroissiale de Saint-Honoré d'Eylau,** 50, avenue Victor-Hugo.

Abonnement de livres.

Tarif : 0 fr. 25 par volume et par semaine.

Dépôt de 10 francs, rendus à la fin de l'abonnement, quelle qu'en soit la durée.

* **Bibliothèque de l'œuvre des Missions de Midi,** Place Victor-Hugo.

(Voir *Missions de Midi*).

* **Bibliothèque paroissiale de Notre-Dame de Grâce de Passy,** 12, rue Nicolo.

Ouverte les mardis et jeudis de 1 à 4 heures (1er octobre à fin juillet).

*** Bibliothèque paroissiale de Notre-Dame de la Miséricorde.**

(Voir *Union Catholique* Saint-Honoré d'Eylau.)

***Bibliothèques de prêt aux presbytères dévastés, 43, rue Saint-Didier.**

Renseignements pour achats : dons pour la reconstitution des bibliothèques sacerdotales détruites, prêt gratuit de livres aux prêtres des régions dévastées.

Permanence tous les jours de 2 h. 1/2 à 6 heures.

COURS ET CONFÉRENCES POUR GRANDES PERSONNES

*** Cours de philosophie pour dames et jeunes filles, 66, avenue Malakoff, mardi, à 5 h. 1/2.**

Conférences de la Mairie du XVIe arrondissement, 71, avenue Henri-Martin.

Les grandes époques de notre Histoire (Arts, Littérature, Philosophie, Histoire), par les premiers conférenciers de la Sorbonne, de l'Institut, des Hautes-Etudes. Ces conférences, avec projections, ont lieu le mardi et le samedi de chaque semaine à 5 h. 1/2, de novembre à mai.

X. MALADES

Croix-Rouge du XVIe arrondissement.

(*Section de la Société de Secours aux Blessés Militaires*; Siège central : 21, rue François-Ier.

Comité : Siège du XVIe arrondissement, 41, avenue d'Iéna.

A fondé le Dispensaire Général anti-tuberculeux, 46, rue de Passy (Voir *Dispensaires*.)

A aussi organisé des *Cours d'Auxiliaires* théoriques et pratiques (puériculture, soins aux enfants, malades, adultes, tuberculose, etc.). Ces Cours ont lieu :

PREMIÈRE SESSION, 63, rue Boissière, le mercredi à 2 heures. Du deuxième mercredi de janvier à Pâques.

DEUXIÈME SESSION, 64 *bis*, rue Théophile-Gautier, le mardi à 1 h. 1/2. A partir du premier mardi de mars.

Des *Cours supplémentaires* pour les gens de maison de l'Œuvre de Sainte-Blandine de Notre-Dame d'Auteuil se donnent le quatrième dimanche du mois à 5 heures, 64 bis, rue Théophile-Gautier.

Cours de l'Union des Femmes Françaises, 63, rue Boissière, le samedi de 4 à 6 heures (à partir de janvier).

DISPENSAIRES

Dispensaires de l'Assistance publique, 68, rue du Ranelagh.

Mercredi et samedi : 9 heures. Sœurs de Saint-Vincent-de-Paul.

23, rue Jouvenet.

Lundi et jeudi : 9 heures. Sœurs Sainte-Marie.

78, rue Lauriston.

Mardi et vendredi : 9 heures. Sœurs de la Sagesse.

Dispensaire, 214, avenue de Versailles. (Société de Secours aux blessés militaires.)

Dispensaire des mères et des enfants. (Voir *Maternité et premier âge*).

Dispensaire de la Société philanthropique, 78 *bis*, rue Boileau.

Consultations gratuites, lundi et vendredi, de 1 à 2 heures.

* **Dispensaire des Sœurs de Saint-Vincent-de-Paul**, 60, rue Raynouard.

Médecine, pansements. Nez, gorge, oreilles, etc., tous les matins de 8 heures à midi.

***Dispensaire de la Croix-Rouge**, 46, rue de Passy. (Sœurs de Saint-Vincent-de-Paul.)

Réservé aux indigents du XVIe arrondissement.

Consultations :

Chirurgie, Gynécologie ; lundi à 9 heures.
Yeux : mardi à 9 heures.
Voies respiratoires, tuberculose ; mardi et jeudi à 13 heures.
Médecine générale ; mercredi à 9 heures.
Enfants ; jeudi à 9 heures.
Radiographie ; vendredi à 13 heures.
Nez, gorge, oreilles, samedi à 9 heures.
Pansements tous les matins de 8 heures à midi.

HOPITAUX

Ambulances municipales, 108, rue Falguière. Téléphone : Archives 14-80.

Etuves municipales, 6, rue des Récollets. Téléphone : Nord 02-97.

HOPITAUX DESSERVANT L'ARRONDISSEMENT

Laënnec, quartier de Chaillot et porte Dauphine, 41, rue de Sèvres.

Boucicaut, quartier d'Auteuil et de la Muette, 62, rue de la Convention.

Hôpital-école de la Croix-Rouge (Association des Dames françaises), 93, rue Michel-Ange.

Clinique. Maison de santé, 21, rue Rémusat. Docteur Lefur, (chirurgie générale).

Œuvre payante (prix peu élevés) pour personnes de classes sociales modestes. Tous les jours sur rendez-vous.

Hôpital-dispensaire Vanderbilt, 18, rue Léonard-de-Vinci.

Gratuit pour les indigents.

Consultations, traitements, pansements : mardi, jeudi et vendredi à 8 h. 1/2.

Gynécologie, consultations pré-natales : jeudi 9 h.

Consultations, pesée des nourrissons : mardi 1 h. 1/2.

VISITES ET ASSISTANCE DES MALADES

***Filles du Divin-Rédempteur des malades**, 23, rue Georges-Bizet.

Clinique payante. Maison de santé.
Sœurs allant visiter les pauvres à domicile.

***Sœurs auxiliaires de l'Immaculée-Conception**, 98, rue La Fontaine.

Soins gratuits à domicile pour les indigents.

***Association des Dames de Charité de Saint-Vincent-de-Paul**, 60, rue Raynouard; 20, rue Erlanger; 154, avenue Victor-Hugo ; 26, rue de Chaillot.

(Voir partie *Union des Œuvres catholiques*).

Association des infirmières visiteuses, 71, avenue Henri-Martin (Mairie). (Rec. utilité publique.)

A pour but d'améliorer la santé publique, en allant à domicile visiter les pauvres et les malades, leur apportant conseils, soins, notions d'hygiène.

Œuvres des pauvres malades, 34, rue de Clichy.

S'adresser au siège pour obtenir des visiteuses pour les pauvres malades du XVIe arr.

***Sœurs de Jésus dans le Temple**, 5, rue Lauriston.

Gardes-malades à domicile (permanence tous les jours).

***Sœurs du Bon-Secours de Troyes**, 4, rue de l'Annonciation.

Soins aux malades pauvres et riches; tarif variant suivant la situation de famille.

***Sœurs de Sainte-Marie**, 18, rue Claude-Lorrain, 23, rue Jouvenet.

***Sœurs servantes du Sacré-Cœur**, 12 *bis*, rue Pergolèse.

Œuvre des amis des abandonnés dans les hôpitaux, 52, rue du Ranelagh.

A pour but d'envoyer des visiteuses dans les hôpitaux, pour distraire et s'occuper des malades sans famille. L'Œuvre cherche à les placer à leur sortie de l'hôpital.

VIEILLARDS ET INCURABLES

Secours spéciaux aux vieillards

Œuvre des loyers pour les vieillards du XVIe arr., 71, avenue Henri-Martin, reconnue d'utilité publique.

Vient en aide aux vieillards nécessiteux en les aidant dans le payement de leur loyer.

Hospices

Fondation Rossini, 29, rue Mirabeau.

Administration générale de l'Assistance publique.

Hospitalisation des artistes et chanteurs, infirmes ou âgés de plus de 60 ans.

Institution Sainte-Perrine, 11, rue Chardon-Lagache (Maison de retraite).

Administration générale de l'Assistance publique.

Reçoit les personnes des deux sexes, âgées de plus de 60 ans. Direction laïque. Pension annuelle, 3 000 francs.

Maison de retraite Chardon-Lagache, 1, rue Chardon-Lagache.

Administration générale de l'Assistance publique.

Direction : Sœurs de St-Vincent-de-Paul.

Reçoit des vieillards valides, âgés d'au moins 60 ans. Sortie tous les jours.

Le prix de la pension varie de 900 à 1 800 francs (chambres ou dortoirs).

*__Asile Saint-Joseph__, 197, avenue Victor-Hugo.

Dirigé par les Sœurs de la Sagesse. 20 lits.

Femmes âgées d'au moins 65 ans, principalement de la paroisse St-Honoré-d'Eylau.

Prix minimum, 3 francs par jour.

Fondation de la retraite Dosne, 31, avenue Bugeaud.

Hospitalisation gratuite des personnes ayant subi des revers de fortune. Permanence : jeudi et dimanche de 1 h. 1/2 à 6 heures.

*__Maison de retraite__ (fondation Thonissen), 60, rue Raynouard.

Dirigée par les Sœurs de St-Vincent-de-Paul de la paroisse N.-D.-de-Grâce de Passy.

***Petites Sœurs des pauvres**, 23, rue de Varize.

Reçoit gratuitement les vieillards âgés de plus de 60 ans. L'Œuvre pourvoit par des dons en argent ou en nature à l'entretien de ses pensionnaires (Soins aux infirmes et aux malades).

Œuvre de Mlle Ardant, 41, rue Boileau.

Hospitalise les grands malades indigents après visite à domicile.

RELÈVEMENT

Asile de l'Œuvre libératrice, 1, avenue Malakoff, reconnue d'utilité publique.

Pour le relèvement matériel et moral des femmes et des jeunes filles tombées dans des circonstances malheureuses. L'Œuvre les hospitalise, les aide à se réhabiliter, les place et les suit quand leur situation les oblige à quitter l'Œuvre. Asile avec dispensaire.

SECRÉTARIATS DU PEUPLE ET DES FAMILLES

***Sociétés de Saint-Vincent-de-Paul.**

(Voir partie *Union des Œuvres catholiques*.

***Maison du Peuple**, 10, boulevard Exelmans.

Secrétariat général, tous les jours de 20 heures à 22 heures.

***Secrétariats des familles** (consultations juridiques, etc., renseignements), 117, avenue

Victor-Hugo, 60, rue Raynouard, et 78, rue Boileau.

(Voir *Union des œuvres catholiques Saint-Honoré d'Eylau, Notre-Dame de Grâce de Passy et Notre-Dame d'Auteuil.*)

***Secrétariat des gens de maison**, 37, rue de Chaillot.

Voir *Placement*.

ŒUVRES DES MARIAGES

Œuvre Saint-François-Régis.

L'Œuvre a pour but de faciliter le mariage civil et religieux et la légitimation des enfants.

Conseils, aide aux indigents dans cette situation, 117, avenue Victor-Hugo, mardi de 17 h. 30 à 19 heures; 62, rue Raynouard, dimanche matin.

HABITATIONS A BON MARCHÉ

Maisons de la Société d'habitations à bon marché du XVIe arr., 53, rue Chardon-Lagache; 87, rue Boileau.

JARDINS OUVRIERS

Jardins ouvriers de l'école Gerson, rue Mirabeau, rue Narcisse-Diaz.

Dans ces deux centres, de nombreux jardins sont mis à la disposition des familles pauvres.

S'inscrire au siège de l'œuvre : 31, rue de la Pompe.

SECOURS DE LOYERS

Amélioration du logement ouvrier, 87, rue Boileau.

Maisons de la Société d'habitations à bon marché. Cherche à améliorer et à procurer des logements à bon marché.

Secours des loyers du XVIe arr., 71, avenue Henri-Martin.

(Voir *Vieillards*).

XI. RÉFUGIÉS, SINISTRÉS, RÉGIONS DÉVASTÉES

L'École pour l'école, bastion 55, boulevard Lannes.

A pour but d'aider les écoles des régions dévastées, et de permettre aux enfants de continuer leurs études, en leur accordant des secours scolaires, vêtements, alimentation, etc.

Comité américain pour les régions dévastées, 15, boulevard Lannes.

Vient en aide de toutes manières aux réfugiés des régions dévastées. Le Comité possède 128 villages dans l'Aisne.

PAVILLONS ET SECOURS AUX NOYÉS

Poste de Billancourt, quai d'Auteuil.

Société parisienne de sauvetage, 71, avenue Henri-Martin.

Secours aux victimes d'accidents.
Récompenses et médailles aux sauveteurs.

Caisse de secours immédiats aux cantonniers, éclusiers, gardes-barrières, etc... A leurs veuves et orphelins, 65, avenue de la Grande-Armée.

Vient en aide aux personnes de cette catégorie se trouvant dans la misère. Œuvre pour toute la France.

XII. MILITAIRES ET MARINS

Union nationale des combattants, 6, rue Goethe.

A pour but, en groupant les anciens combattants de conserver, pour le bien du pays, les liens de camaraderie établis par la guerre, d'aider ses adhérents en leur faisant profiter du service médical, du placement, etc.; enfin de perpétuer le souvenir des morts pour la patrie.

Œuvre Edouard Shaki, 3, avenue Mozart.

Société de Secours aux marins, aux veuves et orphelins qui n'ont pas droit aux pensions de l'État. Marins âgés, malades, infirmes.

Permanence tous les jours.

XIII. SOCIÉTÉS PROVINCIALES

Association amicale béarnaise et basque, 50, avenue Malakoff.

Groupement des Béarnais et Basques, à Paris.
Secours aux nécessiteux.

Permanence chez le trésorier, M. Champetier de Ribes, 10, rue de Castiglione.

XIV. ŒUVRES EN FAVEUR DES ÉTRANGERS

The girls friendly Society, 50, avenue d'Iéna.

Association amicale de Jeunes Filles.

Siège Central à Londres.

Lieu de réunion, bibliothèque, assistance, placement pour jeunes filles. Permanence tous les jours.

Société hellénique de Bienfaisance, 4, rue Auguste-Vacquerie (Consulat de Grèce).

Président : M. Emile Rodocanachi.

Secrétaire : M. Basile Palioura*s*.

Vient en aide aux indigents d'origine grecque, se trouvant à Paris.

Permanence tous les jours, dimanche excepté, de 11 heures à midi 1/2.

Œuvres Boromelli d'assistance aux Italiens émigrés, 38, rue Poussin.

Reconnue d'utilité par le Gouvernement Italien.

A pour but l'assistance aux ouvriers italiens, quel que soit leur parti ou leur religion.

Création d'hospices, d'asiles, d'écoles, de bibliothèques. L'Œuvre suivant le désir de son fondateur, l'évêque italien Mgr Boromelli, cherche à élever ses Membres intellectuellement et moralement.

S'adresser au directeur de l'Œuvre : M. l'abbé Zorzoli, 38, rue Poussin.

L'Union des Œuvres catholiques
DU XVIE ARRONDISSEMENT

I. — Paroisse **Saint-Pierre de Chaillot.**

II. — Paroisse **Notre-Dame de Grâce de Passy.**

III. — Paroisse **Saint-Honoré d'Eylau.**

IV. — Paroisse **Notre-Dame d'Auteuil.**

V. — Paroisse **Notre-Dame de la Miséricorde.**

Chapelle de la **Mission espagnole.**

Chapelle des **Servantes du Saint-Sacrement.**

Nous croyons rendre service à nos lecteurs en ajoutant à la nomenclature des œuvres catholiques les renseignements qui suivent.

Adresse, locomotion, etc...
Historique, architecture.
Offices religieux. Catéchismes.
Renseignements généraux. (Baptêmes, mariages, etc).
Associations de piété.
Les Œuvres. Les écoles.

PAROISSE

SAINT-PIERRE DE CHAILLOT

PAROISSE SAINT-PIERRE DE CHAILLOT

26, rue de Chaillot et 31, avenue Marceau

M. A. Sicard, chanoine honoraire, curé

Population : **25 000** habitants

Chapelles de secours : 28 *bis*, avenue George V; 8, rue François-Ier; 23, rue Jean-Goujon.

Moyens de locomotion :

Métro : George V (Porte-de-Vincennes-Porte-Maillot).
Etoile.
Boissière (Etoile-Italie).

Tramways : Montparnasse-Etoile-Place-Pereire.

Autobus : Trocadéro-Gare de l'Est.

HISTORIQUE, ARCHITECTURE

Le **village de Chaillot** s'appelait, au onzième siècle, Colloelum ; il formait une seigneurie qui tomba dans le domaine royal en 1450, et fut donnée par Louis XI à Philippe de Comines. En 1659, Chaillot fut érigé en faubourg de Paris sous le nom de faubourg de la Conférence, et réuni à la capitale en 1787.

Le château de Chaillot, construit par Catherine de Médicis, se nomma ensuite la maison de Gramont. Il s'élevait sur l'emplacement du Trocadéro. Henriette de France, veuve de Charles Ier d'Angleterre, y établit, en 1651, un couvent de Visitandines dont la Supérieure fut Mlle de La Fayette, belle-sœur de Mme de La Fayette, l'auteur de la *Princesse de Clèves*. Mlle de La Vallière s'y réfugia deux fois (1671 et 1674). La chapelle contenait le cœur des Stuarts et se trouvait sur l'emplacement occupé actuellement par le bassin du jardin du Trocadéro. C'est dans cette chapelle que Bossuet prononça l'oraison funèbre de la reine d'Angleterre.

L'Eglise. Une chapelle existait déjà sur cet emplacement en 1097. L'église actuelle a été rebâtie vers la fin du dix-septième siècle, puis en 1750. La grosse cloche, posée en 1777 dans le clocher, eut pour parrain et marraine Louis XVI et Marie-Antoinette. L'église fermée en 1793, fut vendue en 1796; rendue au culte en 1803, agrandie en 1887 de la chapelle dédiée à Notre-Dame-des-Victoires, dont l'entrée est avenue Marceau.

Trois autres chapelles complètent l'ensemble de l'église : Sacré-Cœur, Saint-Joseph, Notre-Dame-du-Perpétuel-Secours.

Le sanctuaire du quinzième siècle est un reste d'ancienne construction ; la chaire est du dix-septième siècle.

Sur les bas-côtés, de grands tableaux du siècle dernier reproduisent des scènes de la vie de saint Pierre, la fuite en Egypte et la Nativité.

La Paroisse Saint-Pierre de Chaillot a toujours été renommée pour la beauté de ses chants et la solennité de ses offices. La maîtrise est dirigée par M. Omer Letorey, 1er Grand Prix de Rome, et les orgues sont tenues par M. Paul Fauchet, 1er prix d'orgue et professeur au Conservatoire.

OFFICES RELIGIEUX

1° Dimanches et fêtes.

A l'Eglise paroissiale, 26, rue de Chaillot.

Les messes sont célébrées.

A 6 heures, pour les travailleurs, Chant de cantiques, instruction et bénédiction.

7 heures, 7 h. 1/2, 8 heures, 8 h. 1/2, 9 h. 1/2, 10 h. 1/2, midi, messes basses.

A 9 heures, messe paroissiale et prône.

A 9 h. 50, grand'messe.

A 11 heures, messe basse avec chants.

A 12 heures, dernière messe.

Du 1er novembre au 1er juillet. Crypte de la chapelle des catéchismes (entrée avenue George-V et rue Clément-Marot), messes à 10 h. 3/4 et 11 h. 1/2.

Nota. Les jours de fêtes, la grand'messe commence à 9 h. 45.

Les vêpres commencent à 3 h. 1/2, toutes les fois qu'il n'y a pas de sermon.

Elles commencent à 3 heures, toutes les fois qu'il y a sermon, savoir : pendant l'Avent, le Carême, le mois de Marie et aux fêtes suivantes :

L'Épiphanie ; La Chaire de Saint-Pierre à Rome;
Pâques; L'Ascension ;
La Pentecôte; La Fête-Dieu ;
Le Sacré-Cœur ; Saint-Pierre-et-Saint-Paul;
L'Assomption ; Le Rosaire ;
La Toussaint ; Noël.
Salut du très saint Sacrement, à 4 heures.

2° En semaine.

A la paroisse :

Chaque jour, les messes sont célébrées toutes les demi-heures, à partir de 6 heures.

A 10 h 1/2, dernière messe.

La messe de 10 h. 1/2 est supprimée pendant l'été.

Le jeudi, à 9 heures, exposition et messe du très saint Sacrement. A 5 h. 1/2, salut.

3° Chaque mois.

Premier dimanche du mois. Procession du très saint Sacrement.

Premier et troisième dimanche du mois. Après le salut du saint Sacrement, réunion de la Confrérie de la Sainte-Vierge, dans la chapelle Notre-Dame-des-Victoires.

Premier lundi du mois. Messe pour les âmes du purgatoire avec instruction et absoute solennelle.

Premier vendredi du mois. A 9 heures, messe avec exposition du saint Sacrement. De 4 heures à 5 h. 1/2, exposition solennelle du très saint Sacrement.

Deuxième vendredi du mois, A 9 heures, messe pour les paroissiens morts au champ d'honneur et inscrits au Mémorial.

4° Chaque année.

Des retraites sont prêchées :

Pour les enfants ;

Pour les jeunes gens de la Persévérance ;

Pour les jeunes gens du patronage ;

Pour les jeunes filles du patronage ;

Pour les Enfants de Marie ; pour les travailleurs ;

Pour les messieurs ; pour les dames ;

L'Adoration perpétuelle se célèbre au mois de mars.

La Fête patronale a lieu le dimanche qui suit le 18 janvier, fête de la Chaire de Saint-Pierre à Rome.

Salut du très saint Sacrement, à 5 h. 1/2 aux fêtes suivantes :

Les jours des grandes antiennes ;

Les trois jours des prières des 40 heures ;

Les jours compris dans l'octave de la fête du très saint Sacrement ;

Tous les vendredis du mois de juin ;

Les lundis de Pâques et de la Pentecôte ;

Le dernier jour de l'année ;

L'Immaculée-Conception ; Saint-Etienne ;

La Circoncision ; L'Épiphanie ;

La Purification; Saint Joseph;
Saint Pierre et saint Paul; L'Annonciation;
La Visitation de la sainte Vierge;
La Présentation de la sainte Vierge.

RENSEIGNEMENTS GÉNÉRAUX

L'Église est ouverte de 6 heures du matin à 6 h. 1/2 du soir. Le samedi pendant le temps pascal et les veilles de grandes fêtes, elle est rouverte à 8 heures, pour les confessions.

Heures d'ouverture des bureaux.

Pour les mariages : M. le Premier Vicaire reçoit le matin de 9 heures à 11 heures, le jeudi et le samedi de 4 heures à 6 heures.

Pour les convois et services : M. le Second Vicaire reçoit le matin de 9 heures à 11 heures.

CATÉCHISMES

Préparatoire (*enfants de 6 à 9 ans.*) Tous les samedis à 2 heures, 28 *bis*, avenue George-V. Commence le 1er samedi de décembre.

Première Communion : Le jeudi dans la Chapelle des Catéchismes, 28 *bis*, avenue George-V.

A 8 h. 1/2 pour les enfants de la seconde année.

A 10 h. 1/2 pour les enfants de la première année.

Persévérance jeunes filles : Commence le

1er dimanche de novembre, 28 *bis*, avenue George-V. A lieu tous les dimanches.

1er cours à 10 heures dans la Crypte.

2e cours à 10 heures dans la Chapelle des catéchismes.

Persévérance jeunes gens : Commence le 1er dimanche de novembre. Tous les dimanches à 9 heures, dans la Chapelle des catéchismes, précédé de la Sainte Messe.

Date de la Première Communion : La Première Communion solennelle a lieu chaque année le jeudi avant l'Ascension.

ASSOCIATIONS DE PIÉTÉ

Messe de fondation : Le 2e vendredi du mois. A 9 heures, messe pour les Paroissiens morts au Champ d'Honneur et inscrits au Mémorial.

Adoration réparatrice : Le 1er vendredi de chaque mois, à 9 heures, messe avec exposition du Très saint Sacrement. De 4 heures à 5 h. 1/2. exposition solennelle de Très saint Sacrement. A 5 h. 1/2, salut, instruction et bénédiction.

Adoration quotidienne du Très saint Sacrement de 2 heures à 5 h. 1/2

Confrérie de la sainte Vierge : Réunion tous les dimanches, après les vêpres. Le 1er dimanche de chaque mois, Chapelle des catéchismes, à 7 h. 1/2, messe de Communion avec chants et instruction.

Association de prières pour les âmes du Purgatoire : Tous les lundis à 9 heures, dans la Chapelle de la Sainte-Vierge, messe aux intentions des associés. Recommandations et prières pour les associés défunts. Tous les 1ers lundis du mois, messe, instruction et absoute solennelle.

Association des Enfants de Marie : Deux fois par mois, réunions, l'une le matin à 8 h. 1/2, l'autre à 2 heures de l'après-midi.

LES ŒUVRES

Union paroissiale (groupement des hommes de la paroisse).

POUR LES JEUNES GENS

Association Louis-Nicolas, Patronage paroissial des jeunes gens, 32, rue de Longchamp.

Sports, jeux, théâtre, réunions d'études et de piété. Le dimanche messe à 9 heures dans la Crypte, avenue Marceau.

Patronage paroissial pour les enfants des écoles, 32, rue de Longchamp.

Réunion tous les jeudis à 13 h. 1/2.

École paroissiale primaire de garçons, 28, avenue George-V.

POUR LES JEUNES FILLES

Patronage des jeunes filles : 10, rue Christophe-Colomb. (Sœurs de la Sagesse.)

Jeux, cours de couture et de sténo-dactylo.

Ateliers chrétiens pour les jeunes filles, 30, avenue George-V.

École paroissiale primaire de filles, 10, rue Christophe-Colomb.

COLONIES DE VACANCES

Filles :

A Noirmoutiers, deux périodes d'un mois.

Garçons :

A Saint-Laurent-sur-Mer (Calvados), une période d'un mois et demi.

ŒUVRES DE CHARITÉ

Œuvre des pauvres malades : Visités par les Sœurs de la Sagesse et les Dames de Charité de la Paroisse. Réunion les 2e mardis du mois, salles des Œuvres à l'Église.

Œuvre du vestiaire paroissial : 10 *bis*, rue Christophe-Colomb. (Sœurs de la Sagesse.)

Conférence de Saint-Vincent de Paul : Visite des pauvres de la Paroisse. Réunion le vendredi, à 5 heures, salles des Œuvres.

ŒUVRES SOCIALES

Secrétariat des gens de maison de Chaillot, 37, rue de Chaillot.

Placement gratuit de gens de maisons. Tous les jours, dimanche excepté, de 2 heures à 4 heures.

Bibliothèque paroissiale : le dimanche de 4 heures à 6 heures.

Bureau de placement : Tous les jours de 2 à 4 heures, excepté le dimanche et le jeudi.

Dispensaire, 29, rue de Chaillot.

Soins médicaux, petite chirurgie ; tous les jours, consultations le jeudi de 2 heures à 5 heures.

ŒUVRES GÉNÉRALES

Propagation de la foi : Établie pour répandre la foi en pays infidèle.

Sainte-Enfance : Œuvre des petits enfants en faveur des enfants de païens.

Saint-François de Sales : Œuvre pour conserver la foi dans notre pays.

Missionnaires diocésains, 19, rue Nitot : Œuvre diocésaine située sur la paroisse. Prédications, missions, retraites.

PAROISSE NOTRE-DAME DE GRACE DE PASSY

PAROISSE N.-D. DE GRACE DE PASSY

10, rue de l'Annonciation

M. Hennebique, Chanoine honoraire, Curé.

Population : **35 000** habitants.

Moyens de locomotion

Métro : Passy (Etoile-Italie).
Autobus : Passy-Bourse (AB).
Tramway : Auteuil-Madeleine (16).
Passy-Hôtel-de-Ville (12).
Auteuil-Saint-Sulpice (25).

HISTORIQUE, ARCHITECTURE

En 1707, les habitants de Passy n'avaient pas encore d'église, et les fidèles étaient obligés d'aller entendre la messe à Auteuil, quand messire Claude de Chahu, conseiller et trésorier général des finances, obtint de Mgr Péréfixe, alors archevêque de Paris, l'érection d'une chapelle succursale « dépendante et aide de la paroisse d'Auteuil ».

« A cet effet — dit l'acte authentique de l'archevêché — nous avons permis et permettons d'achever la chapelle commencée de bâtir, et sera ladite église succursale sous l'invocation de

Notre-Dame de Grâce, de laquelle la principale fête sera le jour de l'Annonciation de la Vierge ».

En 1761, un décret de Mgr de Harlay déclara la chapelle église paroissiale, et la direction en fut confiée aux frères barnabites, ou clercs réguliers de la Congrégation de Saint-Paul, dont la maison principale se trouvait alors dans la Cité en face le Palais de Justice. Trois barnabites dirigèrent la cure de Passy jusqu'en 1836.

L'église ne se composa d'abord que d'une nef et d'une aile gauche. On y ajouta plus tard une aile droite et une chapelle dédiée à Saint-Augustin devenue maintenant la chapelle de la Vierge. De 1845 à 1856, le monument fut presque totalement reconstruit sous la direction de l'architecte Debressenne. On y remarque un plafond à compartiments de bois carré et doré ; au-dessus de l'autel des fresques de Gabriel Bouré, représentant Adam et Eve chassés du Paradis, l'Annonciation et le Sacrifice d'Abraham. Les autres peintures et ornementations sont récentes.

OFFICES RELIGIEUX

1° Dimanche et Fêtes

Messes toutes les demi-heures.

Au chœur :

Messes basses à 6 heures et 7 heures.

A 8 heures, messe des hommes et jeunes gens.

A 9 heures, Grand'Messe et Prône.

A 10 h. 1/2, messe basse.

A 11 heures, messe, homélie par M. le Curé (de novembre à fin juin).

A 12 heures, dernière messe.

A la Chapelle de la Sainte-Vierge :

7 h. 1/2, 8 h. 1/2, 9 heures, 10 heures : Messes basses.

Les Vêpres sont à 2 h. 1/2, suivies du Salut du Très Saint-Sacrement.

A 5 heures, chapelle de la Sainte-Vierge, office de l'Archiconfrérie de Notre-Dame-des-Victoires, et du Rosaire (du 1er Octobre à fin Juin).

2° En semaine

Chaque jour les Messes sont célébrées à :

6 heures, 7 heures, 7 h. 1/2, 8 heures, 8 h. 1/2, 9 heures, 10 heures.

Tous les soirs à 5 heures, Prière, Chapelet et Bénédiction du Saint Sacrement.

Le jeudi, à la Messe de 8 heures, exposition et messe du Très Saint Sacrement.

3° Chaque mois

Premier dimanche du mois : aux Vêpres, Procession du Saint-Sacrement.

Troisième dimanche du mois : aux Vêpres, Procession de la Sainte-Vierge.

Premier vendredi du mois : à 8 heures, exposition du Saint-Sacrement et Messe avec chants.

A 5 heures, Salut du Saint-Sacrement.

4° Chaque année

Des Retraites sont prêchées :

Aux *jeunes filles des Patronages*, avant la Toussaint pour les Enfants des Sœurs, pendant le Carême pour les Enfants du Patronage Jeanne-d'Arc.

Aux *Enfants de Marie* de la *Paroisse*, pour la fête de l'Immaculée-Conception.

Aux *Mères Chrétiennes*, du mercredi des Cendres au premier dimanche de Carême.

Aux *familles visitées* par la Conférence de Saint-Vincent-de-Paul, la troisième semaine de Carême.

Aux *persévérantes écolières*, la quatrième semaine de Carême.

Aux *persévérants écoliers*, la quatrième semaine de Carême.

Aux *Hommes* et *jeunes gens*, avant le dimanche de la Passion.

La *Retraite paroissiale* a lieu du mercredi des Rameaux au mercredi Saint.

L'Adoration Perpétuelle est fixée aux jeudi, vendredi et samedi qui précèdent le premier dimanche de l'Avent. L'Adoration nocturne est faite par les jeunes gens et les hommes de la Paroisse.

Le Triduum au Cœur Eucharistique de Jésus, organisé par les Dames de l'Archiconfrérie, a lieu les 20, 21 et 22 Janvier, sans Adoration nocturne.

Les divers Offices qui se succèdent au cours de l'année liturgique sont annoncés :

Au *prône* du dimanche et à toutes les Messes, par des *affiches* aux portes de l'Église, par la *Semaine Religieuse*.

RENSEIGNEMENTS GÉNÉRAUX

L'Église est ouverte de 6 heures du matin à 6 heures du soir, et les samedis et veilles de fête, le soir de 8 heures à 9 heures, pour les confessions.

Heures d'ouverture des Bureaux.

M. le Curé reçoit à son bureau tous les matins (sauf le lundi et le jeudi, et le dernier vendredi du mois), de 9 heures à 11 heures.

Pour les Mariages, M. le premier Vicaire reçoit tous les matins de huit heures à 11 heures, et l'après-midi du samedi de 1 h. 1/2 à 3 h. 1/2.

Pour les Convois et Services, M. le Second Vicaire reçoit tous les matins de 9 h. 1/2 à 11 heures,

Pour le denier du Culte et tous autres renseignements, M. le Vicaire Trésorier reçoit tous les matins de 9 heures à 11 heures.

CATÉCHISMES

Les Catéchismes se font dans la chapelle de la Sainte-Vierge.

Préparatoire, par M. le Curé, pour les enfants libres et des pensions (garçons et filles) de 7 à 9 ans, le mercredi à 2 heures de l'après-midi.

Pour les enfants des écoles (filles) le jeudi à 1 h. 1/2, chapelle Saint-Joseph; (garçons) à l'école paroissiale et au Patronage.

Première Communion Filles, par M. le Premier Vicaire les deux années réunies, le lundi à 4 h. 1/2 et le jeudi à 1 h. 1/2.

Première Communion Garçons, par M. le Second Vicaire les deux années réunies, le mardi à 4 h. 1/2 et le jeudi à 8 h. 1/2.

Persévérance Jeunes Filles, par M. le Premier Vicaire, le dimanche à 10 h. 1/4, dans la chapelle de Gerson, 31, rue de la Pompe.

Persévérance Jeunes Gens, conférences au petit et au grand cercle, le dimanche après la messe de 8 heures, 8, rue Singer.

Dates des premières communions solennelles

Pour les *filles*, le troisième jeudi après Pâques.

Pour les *garçons*, le quatrième jeudi après Pâques.

La Confirmation (filles et garçons) est donnée le quatrième samedi après Pâques.

ASSOCIATIONS DE PIÉTÉ

Archiconfrérie du Cœur Eucharistique

de Jésus. — Messe le troisième jeudi du mois à 8 heures. Tous les trois mois, après la Messe, Réunion des Dames Adoratrices, par M. le Curé.

Association des Mères chrétiennes. — Le deuxième vendredi du mois, messe à 8 heures. A 5 heures, instruction et Salut.

Association des Enfants de Marie : *De la paroisse* : Messe de communion le 1er mercredi du mois. A 5 heures, instruction et salut.

Des Sœurs : Réunions, 62, rue Raynouard.

Du patronage Jeanne-d'Arc : Réunions, 12, rue Nicolo.

Tiers Ordre de Saint-François d'Assise (dames) : Tous les 1ers vendredis du mois, messe à 8 heures. Réunion à 3 heures, les 3e vendredis du mois, dans la Chapelle Haute.

Ligue de l'Évangile : Cercle d'études pour dames, réunion 1er et 3e mardi du mois à 2 h. 1/4, 86, rue de la Tour.

LES ŒUVRES

POUR LES JEUNES GENS

Société des Enfants de Passy. Groupement catholique d'éducation populaire, 8, rue Singer, comprenant :

1° *Patronage Saint-Joseph*, enfants des écoles municipales de 6 à 12 ans.

2° *Petit cercle*, jeunes gens de 13 à 16 ans.

3° *Grand cercle*, jeunes gens de 17 ans et plus.

4° *Groupement des anciens*, membres mariés.

5° *Petite conférence de Saint-Vincent de Paul*, jeunes gens du Grand Cercle.

L'Éclaireur français, 3, rue Talma. — Société d'éducation physique, de préparation et de perfectionnement militaire, comprenant :

1° *Une section de pupilles*, élèves de 13 à 16 ans.

2° *Une section de préparation militaire*, élèves de 16 à 20 ans.

3° *Une section de membres actifs*, sociétaires revenus du service militaire.

École paroissiale primaire de garçons, 4 classes, 8, rue Singer.

POUR LES JEUNES FILLES

Patronage des Filles de la Charité, 62, rue Raynouard ; patronage Jeanne-d'Arc (écoles municipales), 12, rue Nicolo.

École paroissiale primaire de filles, 7 classes dont une enfantine, 62, rue Raynouard.

COLONIES DE VACANCES

Filles :

1° Colonie sans installation fixe pour les enfants des écoles municipales, patronage Jeanne-d'Arc, août et septembre.

2° Pour les enfants de l'école des Sœurs et du patronage, août et septembre :

Colonie à Berck-Plage (P. de C.).

Colonie à Moitron (Sarthe).

GARÇONS :

Colonie à Saint-Léonard des Bois (Sarthe) pour les enfants du patronage Saint-Joseph (mois d'août) et les jeunes gens de la Société des Enfants de Passy (première quinzaine de septembre).

ŒUVRES CHARITABLES

Œuvres de la Sainte-Enfance, de la *Propagation de la Foi*, de *Saint-François de Sales*, de la *Bonne Mort*.

Grande conférence de Saint-Vincent de Paul. — Réunion le vendredi soir, dans la chapelle Saint-Joseph.

Dames de charité. — Tous les 1ers mardis du mois, réunion par M. le curé dans la chapelle Saint-Joseph.

Bibliothèque paroissiale, 12, rue Nicolo.

Ouverte les mardis et jeudis de 1 heure à 4 heures (1er octobre à fin juillet).

Les Oblates missionnaires de l'Assomption, 14, rue Berton.

Œuvre située sur la paroisse.

En faveur des pays d'Orient. Organisation, — notamment en Bulgarie et en Turquie, — de patronages, orphelinats, écoles, dispensaires, etc.

ŒUVRES DES SŒURS DE SAINT-VINCENT DE PAUL

60 62, rue Raynouard.

Section de la Mutualité maternelle. Consultations, pesage, bons de lait.

Garderie. Enfants de 3 à 5 ans.

Cantine. Pour les enfants pauvres de l'école.

Orphelinat. 60 places.

Ateliers. Lingerie fine, broderie, robes, manteaux, repassage de linge fin. Pour internes et externes.

Section syndicale. Du groupement de la rue de l'Abbaye. Cours du soir.

Bonne garde. Pour jeunes filles, internes et externes.

Secrétariat des familles. Consultations juridiques, renseignements mardi de 9 h. 1/2 à 11 heures.

Asile de vieillards. « Fondation Thonissen » pour 8 femmes âgées d'au moins 60 ans, et valides de la paroisse.

Visites des pauvres. Assistance aux malades, distribution de secours en bons de pain, de viande, d'épicerie, de chaussures, etc...

Vestiaire des dames. Tous les vendredis.

Vestiaire des demoiselles. Tous les lundis, pour les pauvres de la paroisse.

PAROISSE

SAINT-HONORÉ D'EYLAU

6

PAROISSE SAINT-HONORÉ D'EYLAU

Église : 9, place Victor-Hugo

Tél. Passy 93-99

Annexe : **Notre-Dame de la Cité Paroissiale**
66, avenue Malakoff.

M. Soulange-Bodin, chanoine honoraire, curé.

Population : 50 000 habitants.

Chapelles de secours

12 *bis*, rue Pergolèse; 154, avenue Victor-Hugo.

Moyens de locomotion

Métro : Victor-Hugo (Dauphine-Nation).
Boissière (Italie).
Tramway : La Muette (15).
Autobus : Passy-Bourse (AB).
Étoile-Porte de St-Cloud (A S).

HISTORIQUE, ARCHITECTURE

La paroisse St-Honoré est une des plus récentes de Paris. Au milieu du siècle dernier, son territoire faisait partie du village de Passy, dans la *Forêt de Rouvray*, maintenant Bois de Boulogne, et de la Collégiale de St-Germain-l'Auxerrois, qui s'étendait du Faubourg St-Denis à St-Cloud.

En 1860, lorsque les communes suburbaines furent englobées par les fortifications qu'on démolit aujourd'hui, Passy qui venait d'être détaché de la grande paroisse, devint paroisse urbaine. Alors de larges avenues furent ouvertes et l'on commença à construire des hôtels du côté de l'avenue du Bois-de-Boulogne.

L'EGLISE

Un centre nouveau de population se créa alors loin de l'Église du vieux Passy. Pour lui assurer les secours religieux, l'abbé Locatelli, alors curé du « village » de Passy, bâtit la chapelle de St-Honoré, au ront-point de l'avenue de St-Cloud, dénommée, en 1864, avenue d'Eylau et en 1881, avenue Victor-Hugo.

Cette chapelle s'arrêtait alors à l'emplacement actuel de la chaire. Elle s'appelait St-Honoré la Plaine. Inaugurée le 8 décembre 1861, elle fut desservie par les deux vicaires de Passy, qui venaient y faire les catéchismes, y célébrer la messe et y assurer le service des pauvres et des malades.

Erection de la paroisse

Le 15 août 1862 un décret impérial et une ordonnance du cardinal Morlot érigeaient la chapelle en paroisse, et, le 28 août, l'un des deux vicaires, M. l'abbé Chéruel, était installé curé.

Son agrandissement

C'est au zèle de Mgr Sisson qui lui succéda le

15 avril 1875, que la paroisse doit l'agrandissement de son église, par la construction d'un abside, d'un transept et de deux nefs latérales avec tribunes.

La Cité paroissiale

Mais St-Honoré subissait cette loi des populations urbaines qu'on appelle « la poussée vers l'ouest ». En 1863, la paroisse comprenait 9 731 habitants; en 1875, 11 000 seulement; mais en 1889, elle comprenait 27 383, et en 1910, 50 000 habitants.

Comment répondre aux besoins d'une telle agglomération avec une chapelle construite pour une population d'une dizaine de mille âmes, et dont les agrandissements étaient notoirement insuffisants ? C'est à M. l'abbé Marbeau, nommé curé de St-Honoré en février 1889, et évêque de Meaux en 1910, que devait revenir l'honneur et le labeur de trouver la solution de ce problème dans la création de la Cité paroissiale, adaptée aux besoins des temps nouveaux.

Au point de vue légal, elle abritait sous la sauvegarde du droit commun la propriété des édifices du culte. Une société anonyme immobilière fut organisée, qui construisit une véritable cité d'œuvres abritant aujourd'hui autour d'une immense chapelle et de sa crypte : quatre écoles, cinq patronages, et un des centres d'œuvres des plus importantes de Paris.

Les chapelles paroissiales

La population devenant de plus en plus dense, deux chapelles de secours ont été ouvertes.

L'une dite du Sacré-Cœur, 12 *bis*, rue Pergolèse, déjà entourée d'un important groupe d'œuvres, dirigé par les servantes du Sacré-Cœur, a été inaugurée en avril 1916 et agrandie en mars 1920.

L'autre, dite de St-Vincent-de-Paul, a été ouverte le 13 mars 1921, au 154 de l'avenue Victor-Hugo. Elle fait partie du groupe d'œuvres des Sœurs de St-Vincent-de-Paul.

Ces deux chapelles sont administrées par la paroisse et dessservies par un vicaire de la paroisse.

OFFICES RELIGIEUX

1° Dimanches et fêtes

A l'Église paroissiale : 9, place Victor-Hugo, 6 h. 1/2 (prône), 7 h. 1/2, 8 h. 1/4, 9 heures, messe des hommes et des jeunes gens (instruction), 10 heures, 10 h. 3/4, 11 h. 1/2.

A la chapelle Notre-Dame de la cité paroissiale : 66, avenue Malakoff.

6 heures (prône), 7 heures, 8 h. 1/4 (instruction), 9 h. 1/2 (grand'messe et prône), 11 heures, 12 heures.

2° En semaine

A la paroisse :

Chaque jour les messes sont célébrées à :

6 heures, 7 heures, 8 heures, 9 heures, 10

heures, 6 h, 1/2, 7 h. 1/2, 8 heures 1/2, 9 h. 1/2, 10 h. 1/2.

Chapelle Sacré-Cœur : messe, 7 h. 1/2.

Chapelle Saint-Vincent de Paul : messe 7 h. 1/2.

Tous les soirs, à 5 h. 1/2, salut. *Le lundi*, à 8 heures, messe pour les paroissiens morts au service de la France pendant la Grande Guerre.

Le vendredi, toute la journée, exposition et adoration du très Saint Sacrement.

3° Chaque mois

Premier dimanche du mois : aux vêpres, procession du Saint Sacrement.

Premier lundi du mois : à 8 heures, messe de la Confrérie pour les âmes du purgatoire.

Premier jeudi du mois : à 20 h. 1/2, à l'Église, une heure de piété pour les hommes.

Premier vendredi du mois : à 8 heures, messe solennelle de communion, en l'honneur du Sacré-Cœur; à 5 h. 1/2, instruction et salut.

4° Chaque année

Des retraites sont prêchées :

Pour les jeunes filles des patronages, avant la Toussaint.

Pour les jeunes gens des Lycées, Collèges et Institutions, avant la Toussaint.

Pour les jeunes-gens des Patronages, avant Noël.

Pour les jeunes filles de toute la Paroisse, avant le dimanche de la Passion.

Pour les Dames, avant le Jeudi-Saint et la deuxième semaine de Carême.

Pour les Messieurs, avant le dimanche de la Passion.

Pour les gens de maison, avant le Jeudi-Saint.

Pour les petits enfants de 7 ans avant le premier dimanche de Carême.

L'Adoration Perpétuelle dont les trois nuits sont faites par les hommes et les jeunes gens de la Paroisse.

Les divers Offices qui se succèdent au cours de l'année liturgique sont annoncés :

Au *Prône* du Dimanche et à toutes les *Messes*, par des *affiches* aux portes.

Par le *Bulletin Paroissial.*

RENSEIGNEMENTS GENERAUX

L'Eglise est ouverte tous les jours de 6 heures du matin à 7 heures du soir.

Heures d'ouverture des bureaux.

M. le Curé reçoit à son bureau et sur rendez-vous les lundi, jeudi et samedi, de 10 heures à 12 heures.

Pour les Mariages, M. le Premier Vicaire reçoit les lundi, mardi, vendredi et samedi de 9 h. 1/2 à 11 h. 1/2. Le jeudi après-midi de 4 à 6 heures. Le samedi soir de 6 heures à 7 heures.

Pour les Convois et Services, s'adresser à M. le Second Vicaire tous les matins à la Sacristie.

CATÉCHISMES

Préparatoire, par M. le Curé, pour les enfants libres et des pensions (garçons et filles) de 7 à 9 ans, le mercredi à 2 heures.

Pour les enfants des écoles municipales et les petits lycéens, dans la salle des œuvres, le jeudi à 10 heures.

Première Communion Filles, par M. le Premier Vicaire, les lundi et jeudi à 2 heures.

Première année le jeudi à 10 heures.

Première Communion Garçons, Enseignement secondaire le jeudi à 9 heures. Enseignement primaire, le jeudi matin à 8 h. 1/2 et le lundi à 4 h. 1/2.

Première année le jeudi matin 8 h. 1/2.

Persévérance Jeunes Filles, le dimanche matin à 10 heures.

Persévérance Jeunes Gens, Enseignement Primaire, le dimanche matin à 9 h. 1/2. Enseignement Secondaire, le jeudi et le dimanche matin à 10 heures.

ASSOCIATIONS DE PIÉTÉ

Association du Saint-Sacrement et du Sacré-Cœur. — Réunion le premier vendredi du mois. A 8 heures Messe, Recommandations, Bénédiction, à 5 h. 1/2, Sermon et Salut.

Recollection mensuelle des Hommes, premier jeudi du mois, veille du premier vendredi, à 20 h. 1/2 à l'Église, une heure de piété.

Association en faveur des âmes du Purgatoire et pour la bonne mort, Réunion le premier samedi du mois, à 8 heures, Messe, Instruction, Bénédiction.

Association des Mères chrétiennes, le deuxième vendredi du mois, Messe à 9 heures; à 5 heures, Instruction et Salut.

Association des Enfants de Marie, Messe de Communion le premier dimanche du mois à 8 h. 1/4, Réunion générale, ordinairement le quatrième dimanche à 2 h. 1/2.

Réunions spéciales :

1° Pour les enfants libres, une fois par mois à 8 h. 1/2 du matin, selon les fêtes.

2° Pour les jeunes filles occupées la semaine, également une fois par mois, le dimanche à leur Patronage,

Réunion des Institutrices de l'Enseignement privé (cercle de Notre-Dame de Lourdes), 117, avenue Victor-Hugo. Réunion le troisième dimanche à 5 heures, Causerie pédagogique et religieuse, Salut.

Œuvre de la servante chrétienne, 154, avenue Victor-Hugo ; 12 *bis*, rue Pergolèse,

Les Dames de Charité, 67, rue Boissière, Réunion le premier vendredi du mois à 2 heures.

Les Conférences de Saint-Vincent de Paul. Œuvres générales, Sainte-Enfance, Propagation de la Foi, Denier de saint Pierre, Saint-François de Salles, Franc de la Presse.

Œuvres diocésaines, Institut catholique, Séminaires, Aumôneries, Hospices, Retraites...

N. B. — Pour tous renseignements s'adresser à la Sacristie à MM. les Directeurs chargés des catéchismes et de chacune de ces œuvres et associations.

LES ŒUVRES

POUR LES HOMMES

Union paroissiale. Groupement des hommes de la paroisse.

Association catholique des Chefs de famille, 67, rue Boissière.

Défend les intérêts des chefs de famille, au foyer, à l'Ecole et dans l'Etat. Nombreuses initiatives, propagande, placement, etc... Dimanche matin de 10 heures à 11 h. 30.

Conférence de Saint-Vincent de Paul.

Visites et secours aux pauvres et aux malades. Réunion le vendredi soir.

POUR LES JEUNES GENS

ÉDUCATION SECONDAIRE

Réunion d'Eylau, 67, rue Boissière.

Groupement de jeunes gens de l'enseignement secondaire et supérieur, quatre sections, suivant les âges, cercles.

Fédération catholique des Scouts de France. Siège Central : 71, rue Boissière.

A pour but de mettre en pratique les exercices du scoutisme parmi les jeunes catholiques ; formation religieuse, morale, intellectuelle, physique, professionnelle, sociale, civique et patriotique. Réunions nombreuses dans ce but.

Maison de campagne à Chaville.

Étend son action sur Paris et toute la France.

Petit Collège Saint-Honoré d'Eylau.

Externat comprenant 7 classes. Le Directeur reçoit tous les jours, sauf les jeudi et dimanche, de 16 h. 1/2 à 18 heures.

ÉDUCATION PRIMAIRE

Jeunesse catholique, 63, rue Boissière.

Groupement catholique d'éducation populaire. Quatre sections suivant les âges. Réunions d'anciens, cercles d'études, associations de piété, cours du soir, chorale, orchestre, section syndicale.

Section Sportive : Étoile des deux Lacs, S. A. G. 8464 éducation physique, gymnastique, football, athlétisme, etc...

Ecole paroissiale primaire.

9 classes. Enseignement complémentaire.

POUR LES DAMES

Dames de Charité, 67, rue Boissière.

Visites et Secours aux pauvres et aux malades. Réunions le premier vendredi du mois à 2 heures.

Œuvre des vocations.

Pour le recrutement et l'entretien des séminaires.

Ligue patriotique des Françaises.

Réunion tous les mois.

A pour but de défendre par tous les moyens légaux les libertés qui intéressent particulièrement les femmes, liberté de conscience, d'enseignement, etc... ; elle cherche à développer les œuvres et institutions sociales en faveur des travailleuses.

Dames catéchistes.

Groupement de dames ayant pour but d'aider le prêtre dans l'instruction du catéchisme.

POUR LES JEUNES FILLES

ENSEIGNEMENT SECONDAIRE

Cours Saint-Honoré d'Eylau, 66, avenue Malakoff. Conduisant jusqu'au baccalauréat.

Jardin d'enfants.

Cours de philosophie, dans la Crypte de Saint-Honoré d'Eylau, 66, avenue Malakoff.

Pour dames et jeunes filles, mardi soir à 5 h. 1/2.

Ecole ménagère. Pour les jeunes filles de la Société, 117, avenue Victor-Hugo.

Tous les jours de 9 heures à 12 heures.

Une fois par semaine pour chaque branche ménagère : cuisine, coupe, raccommodage, blanchissage.

ENSEIGNEMENT PRIMAIRE

Ecoles paroissiales primaires, 66, avenue Malakoff ; 154, avenue Victor-Hugo.

Enseignement préparatoire, élémentaire, moyen, et supérieur.

Ouvroir-Orphelinat des Sœurs de la Sagesse, 117, avenue Victor-Hugo.

A pour but d'élever chrétiennement des orphelines ou des enfants de condition modeste ; elles reçoivent l'instruction primaire de l'école libre et à l'âge de 13 ans entrent à l'ouvroir pour y apprendre lingerie, couture, raccommodage, etc...

Institut post-scolaire, 117, avenue Victor-Hugo.

Préparation aux carrières féminines. — Pour la formation des employées, sténo-dactylos, comptables, maîtresses de couture, de coupe et de modes, petites patronnes, etc...

Le matin : Style Commercial, Comptabilité, Anglais, Sténographie, Dactylographie.

L'après-midi : Couture, Coupe et Confection.

Renseignements et inscriptions : Tous les jours de 2 heures à 4 heures, sauf le vendredi.

Section des Syndicats. La section des Syndicats Professionnels Féminins, 117, avenue Victor-Hugo.

Cours de perfectionnement pour les jeunes filles qui désirent compléter leur instruction. Coupe, Modes, Français, Calligraphie, Anglais, Comptabilité, Sténographie, Solfège.

Les cours ont lieu le soir, à 7 h. 3/4.

Atelier professionnel des sœurs de Saint-Vincent de Paul, 154, avenue Victor-Hugo.

Un atelier d'apprentissage est ouvert 154 avenue Victor-Hugo tous les jours, dimanche excepté, de 8 h. 1/2 à *midi*, et de 1 h. 1/2 à 6 heures, pour les jeunes filles de 13 à 18 ans.

Les élèves sont rétribuées dès leur entrée et suivant leur travail. En outre elles bénéficient chaque semaine de plusieurs cours ; cours de coupe, cours de dessin, cours de français, cours ménager.

Pour tous renseignements et inscriptions, s'adresser à la Supérieure des Sœurs de Saint-Vincent de Paul, 154, avenue Victor-Hugo, le matin de 8 heures à 9 heures.

PATRONAGES

Patronage de la Sagesse. Sœurs de la Sagesse, 117, avenue Victor-Hugo.

Cercle d'études, cours du soir, section syndicale, réunions de piété, ouvroir 2 sections.

Patronage de la Charité, 154, avenue Victor-Hugo.

Cercle d'études, ouvroir, atelier professionnel, réunions de piété, quatre sections.

Sœurs de Saint-Vincent de Paul.

Patronage Notre-Dame de la Cité Paroissiale (Ecoles Municipales), 66, avenue Malakoff.

Cercle d'études, chorale, bibliothèque, etc...

Gymnastique dans ces divers Patronages.

COLONIES DE VACANCES

Colonies de Filles

1° Colonie de COURSEULLES (Calvados) pour les enfants des Écoles Municipales, du 1er Juillet au 15 Septembre.

2° Colonie de SAINT-PATRICE (Indre-et-Loire) pour le Patronage des Sœurs de Saint-Vincent de Paul, du 1er Juillet au 15 Septembre.

3° Colonie de SAINT-TROJAN (Ile d'Oléron) pour les grandes jeunes filles du Patronage de la Sagesse, du 20 Juillet au 20 Septembre.

4° Colonie de VILLENEUVE-LE-COMTE (Seine-et-Marne) pour l'orphelinat et les petites du Patronage de la Sagesse, du 31 Juillet au 20 Septembre.

Colonies de Garçons

1° Colonie de SAINT-PATRICE (Indre-et-Loire) pour les petits écoliers de 6 à 9 ans, du 1er Juillet au 15 Septembre.

Colonie de RUGLES (Eure) pour les petits écoliers de 6 à 9 ans, du 1er Juillet au 15 Septembre.

3° Colonie de LA MULOTIÈRE (Eure) pour les moyens et grands écoliers, du 1er Août au 15 Septembre.

4° Colonie de VAUCRESSON (Seine-et-Oise) Stade de la Marche, pour les enfants de chœur, apprentis, grands jeunes gens, anciens et familles, du 1er Juillet au 1er Octobre.

5° Colonie du HOME (par Cabourg, Calvados) pour les jeunes gens de l'enseignement secondaire et les Scouts de France.

ŒUVRES DE PRÉSERVATION

Missions de Midi, pour les employées (réunions, conférences, bibliothèque), etc...

Maison d'accueil pour les jeunes filles seules, ouvrières et employées, 12 *bis*, rue Pergolèse.

La Ruche, 30, avenue Malakoff.

Religieuses du Saint-Nom de Jésus. Reçoit les jeunes filles de 15 à 25 ans, moyennant une modeste rétribution. Dans leur temps libre, les jeunes filles sont initiées à la couture et à la cuisine.

Permanence de la « Protection de la jeune Fille », 67, rue Boissière. Renseignements.

Religieuses du Saint-Sacrement, 56, avenue Malakoff.

Pension pour dames seules, fillettes et jeunes filles. Chapelle.

ŒUVRES DE PLACEMENT

Office familial. (Pour les personnes de situation moyenne), 63, rue Boissière. Permanence : mercredi et vendredi de 2 heures à 5 heures.

Section d'entr'aide sociale.

Pour les soins ou l'aide à domicile, tous les matins de 9 h. 30 à 11 h. 30.

Jeunesse catholique, 63, rue Boissière. Dimanche de 10 heures à midi, et jeudi soir de 20 à 22 heures.

Pour les Employées

Sœurs de la Sagesse, 117, avenue Victor-Hugo.

Sœurs de Saint-Vincent de Paul, 154, avenue Victor-Hugo.

Bureau spécial pour gens de maison, 12 *bis*, rue Pergolèse ; 154, avenue Victor-Hugo.

ŒUVRES GENERALES

Sainte-Famille, 67, rue Boissière.

Réunion populaire bimensuelle, conférences, projections, etc...

Chant grégorien.

Exercices pratiques de chant grégorien, tous les samedis soirs à 5 h. 1/2 dans la Chapelle de la Crypte.

Bibliothèque paroissiale, 50, avenue Victor-Hugo.

Abonnement : 0 fr. 25 par livre et par semaine.
Dépôt : 10 francs, rendus à la fin de l'abonnement.

Œuvre du Perpétuel Secours, à l'Église, place Victor-Hugo.

Caisse de Secours pour les enfants pauvres des écoles paroissiales.

POUR LES PAUVRES

Assistance, placement et visites dans les hôpitaux, Sœurs de la Sagesse, 117, avenue Victor-Hugo.

Sœurs de Saint-Vincent de Paul, 154, avenue Victor-Hugo.

Maison de retraite pour les Vieillards, 197, avenue Victor-Hugo.

Dirigée par les Sœurs de la Sagesse ; pour les femmes âgées de plus de 65 ans, principalement de la paroisse.

Crèche pour les tout petits enfants, 117, avenue Victor-Hugo.

Permettant de recevoir 30 bébés.

Garderie d'enfants, 12 *bis*, rue Pergolèse (consultation médicale).

Secrétariat des Familles, 117, avenue Victor-Hugo. **Permanence : mardi de 5 h. 1/2 à 7 h.**

Consultations juridiques, renseignements pour l'application des différentes lois sociales, etc.

PAROISSE

NOTRE-DAME D'AUTEUIL

PAROISSE NOTRE-DAME D'AUTEUIL

2, place d'Auteuil

M. A. Rivenq, chanoine honoraire, curé.

Population : **35 000** habitants.

Chapelle de secours : Sainte-Geneviève, 24, rue Claude-Lorrain.

Salles paroissiales : 4, rue Corot, et 64 *bis*, rue Théophile-Gautier.

Moyens de locomotion :

Métro :	Église d'Auteuil (Opéra-Auteuil).
	Auteuil-Michel-Ange (Porte-de-Saint-Cloud-Chaussée-d'Antin).
Tramways :	Auteuil-Saint-Sulpice (25)
	Porte de Saint-Cloud-Saint-Sulpice.
	Auteuil-Madeleine (16)
	Auteuil-Hôtel-de-Ville (12)
	Porte-de-Vincennes-Porte-de-Saint-Cloud (123-124)
Autobus :	Porte de Saint Cloud-Etoile (AS).

HISTORIQUE. ARCHITECTURE

Le village d'Auteuil n'entre dans l'histoire qu'au neuvième siècle environ. Il appartenait à cette époque aux bénédictins de l'Abbaye du Bec, près de Rouen, qui le cédèrent en 1110, à l'Abbaye de Sainte-Geneviève de Paris, en échange de quelques domaines à Vernon. Les Génovéfains restèrent jusqu'à la Révolution les seigneurs laïcs d'Auteuil, mais ils n'y avaient aucune juridiction ecclésiastique.

Celle-ci était exercée par le chapitre de la Collégiale Saint-Germain-l'Auxerrois depuis 1192 au moins, date à laquelle Auteuil fut érigé en *paroisse* par l'évêque Maurice de Sully, celui qui commença la cathédrale Notre-Dame. Cet état de choses dura jusqu'en 1745; à cette date, le chapitre de Saint-Germain-l'Auxerrois fut réuni à celui de Notre Dame et dès lors la nomination du curé d'Auteuil appartint à l'archevêque lui-même.

La paroisse était, à l'origine, beaucoup plus étendue que maintenant : elle comprenait Boulogne et Passy qui en furent détachées respectivement en 1343 et en 1672.

L'ancienne église d'Auteuil était à la place de celle d'aujourd'hui, mais le chevet était tourné un peu plus vers l'est. Elle avait dû être construite vers la fin du douzième ou le commencement du treizième siècle, à l'époque de la première floraison gothique; le clocher de pierre à pyramide hexagonale flanquée de quatre clochetons et le portail précédé d'un petit porche, sont les parties anciennes qui ont subsisté le plus longtemps.

Elle fut un peu agrandie au seizième et au dix-huitième siècle, mais tombant en ruines et manifestement trop petite pour la population sans cesse grandissante, elle fut complètement démolie en 1877 et 1878.

Elle était encadrée au sud par la sacristie, au nord par l'ancienne mairie; devant le portail s'étendait le cimetière dont l'emplacement est marqué maintenant par la pyramide de d'Aguesseau (Henri-François).

La construction de *l'église actuelle* est due en grande partie à M. l'abbé Lamazou, nommé curé d'Auteuil en 1874. La première pierre de l'édifice fut posée le premier juillet 1877 et l'église fut consacrée par le cardinal Richard, le 20 octobre 1892.

L'architecte fut M. Vaudremer, auteur de la nouvelle église Saint-Pierre de Montrouge. Comme elle, Notre-Dame d'Auteuil est de style byzantin, en forme de croix latine. Elle a 63 m. 50 de long, sur 16 m. 90 de large dans la nef, et 20 mètres au transept. La crypte nécessitée par la pente rapide du terrain, au chevet de l'édifice a 5 m. 50 de haut. Le clocher qui s'élève au-dessus du portail atteint une hauteur de 51 mètres. Vaudremer avait prévu au-dessus de la croisée du transept un dôme qui ne fut pas exécuté.

Le 2 février 1914 était créée la paroisse Notre-Dame de la Miséricorde, dont le territoire était en partie détaché de Notre-Dame d'Auteuil.

La chapelle Sainte-Geneviève, construite en

1900 sur l'emplacement d'une chapelle du quartier utilisée pour les catéchismes, donnera sans doute plus tard naissance à une nouvelle paroisse. Notre-Dame d'Auteuil sera alors démembrée pour la quatrième fois.

OFFICES RELIGIEUX

1° Dimanches et fêtes.

A l'Église paroissiale, 2, place d'Auteuil.

Les messes sont célébrées à : 6 heures (instruction), 7 heures, 8 heures (instruction), 8 h. 3/4, 9 h. 1/2 (grand'messe et prône), 11 heures (instruction), 12 heures.

Vêpres, chapelet et salut, à 2 h. 1/2.

A la Crypte : rue Corot.

Messes à : 7 h. 1/2, 8 h. 1/2 (instruction), 10 h. 1/4.

A la chapelle Sainte-Geneviève, 24, rue Claude-Lorrain.

Messe à 6 h. 1/4, 7 heures, 8 heures, 9 heures, 10 heures (prône), 11 heures.

Complies et salut à 5 heures.

2° En semaine.

A l'Église paroissiale :

Chaque jour les messes sont célébrées à : 6 h. 1/4, 7 heures, 7 h. 1/2, 8 heures, 8 h. 1/2, 9 heures.

Prière du soir et bénédiction à 5 heures.

Le lundi, à 9 heures, messe pour les Ames du Purgatoire.

Le jeudi, à 9 heures, messe avec chants devant le saint Sacrement exposé, bénédiction.

Le samedi, à 9 heures, messe pour la conversion des pécheurs et les malades de la paroisse.

Chapelle Sainte-Geneviève : Messe à : 6 h. 1/2, 7 heures, 7 h. 1/2, 8 heures.

3° Chaque mois.

Premier dimanche du mois : aux vêpres, procession du saint Sacrement, précédée d'une heure d'adoration par les Messieurs.

Premier vendredi du mois : à 9 heures, messe solennelle en l'honneur du Sacré-Cœur. A 5 heures, instruction et salut.

Troisième mercredi du mois : à 9 heures, messe pour les Ames du Purgatoire et l'Association de la Bonne Mort. Instruction.

4° Chaque année.

Des retraites sont prêchées : pour les jeunes filles, les jeunes persévérants, les personnes en service, les membres des patronages, les dames, les messieurs.

L'Adoration perpétuelle a lieu en mai.

Les *divers offices* qui se succèdent au cours de l'année liturgique sont annoncés : au *prône* du dimanche et à toutes les *messes*, par des *affiches* aux portes, par le *Bulletin paroissial* : Auteuil-Catholique.

RENSEIGNEMENTS GÉNÉRAUX

L'Église est ouverte de 6 heures du matin à du soir.

Heures des bureaux.

Monsieur le Curé reçoit à la sacristie les : mardi, mercredi, vendredi et samedi de 9 h. 1/2 à 11 heures.

Pour les mariages. M. le Premier Vicaire reçoit les mardi, mercredi, vendredi et samedi de 9 h. 1/2 à 11 heures, et le samedi après-midi de 4 à 6 heures.

Pour les convois et services.

M. le second vicaire reçoit au presbytère, 4, rue Corot.

CATÉCHISMES

Préparatoire, mardi à 1 h. 1/4 et jeudi à 10 heures.

Première communion : Filles, jeudi à 1 h. 1/2 et mardi à 4 h. 1/2.

Garçons : jeudi à 8 h. 1/2 et lundi à 4 h. 1/2.

Persévérance : Jeunes filles, jeudi à 10 h. Jeunes gens, dimanche, 9 h. 3/4.

Cours supérieur pour les dames et jeunes filles le samedi à 2 h. 1/4.

Pour les messieurs le 4ᵉ mercredi du mois à 8 h. 3/4 du soir.

ASSOCIATIONS DE PIÉTÉ

Confrérie du Saint-Sacrement (hommes). Réunion le 1er dimanche du mois.

Confrérie de la Garde d'honneur (dames), 1er dimanche et 1er vendredi du mois.

Association des mères chrétiennes, 3e vendredi du mois. Prédication.

Association des Enfants de Marie, 1er dimanche du mois.

Messe à 8 h. 1/2, réunion à 2 heures.

Union Sainte-Jeanne d'Arc (Jeunes persévérantes). 1er dimanche du mois.

Association Sainte-Blandine (personnes en service). Réunion le 2e dimanche du mois.

Chaque dimanche, messe à 6 heures.

Confrérie du Rosaire. Réunion le 1er dimanche du mois.

Apostolat de la prière. Réunion le 1er vendredi du mois.

Fraternité du Tiers-Ordre de Saint-François. Réunion le 4e dimanche du mois.

Association de prières pour la conversion des pécheurs et les malades. Réunion chaque samedi à 9 heures.

Association de prières en faveur des âmes du Purgatoire et pour la bonne

mort. Réunion le 3e mercredi du mois. A 9 heures, instruction.

Schola paroissiale. Tous les jeudis.

LES ŒUVRES

Œuvres générales. Sainte-Enfance, Propagation de la Foi, Saint-François de Sales, Franc de la Presse.

Œuvres diocésaines. Institut catholique, séminaires, aumôneries, hospices, retraites, etc...

Œuvres de jeunesse :

Ecole Primaire libre Garçons : Ecole du Sacré-Cœur, 9, avenue de la Frillière.

Ecole Primaire libre Filles : Ecole Lamazou, 80, rue Boileau.

POUR LES HOMMES

Union paroissiale. Groupement des hommes de la paroisse. Conférences mensuelles.

Action catholique. (Point-du-Jour).

POUR LES JEUNES GENS

Patronage et Cercles Saint-François-Xavier, 7, avenue de la Frillière.

Deux sections. 1° Enfants de 7 à 14 ans. 2° au-dessus de 14 ans.

Cercle d'études, bibliothèques, salle de lecture, section artistique, cours professionnels, etc.

Cercles, petit cercle jusqu'à 16 ans, réunion jeudi à 5 heures à la crypte.

Grand cercle, à partir de 16 ans, réunion le jeudi à 8 h. 1/2, 64 *bis*, rue Théophile-Gautier.

Union sportive d'Auteuil. Société agréée par le Ministère de la Guerre.

Préparation militaire. (Gymnastique, tir, etc.)

Société d'éducation populaire. Les Amis des Jeunes d'Auteuil (Association déclarée).

Stade Saint-Germain. (Ile Saint-Germain à Billancourt).

POUR LES JEUNES FILLES

Patronage Sainte-Geneviève, 80, rue Boileau.

Pour les anciennes élèves de l'école Lamazou.

Patronage Jeanne-d'Arc, 24, rue Claude-Lorrain.

Pour les enfants des Ecoles municipales.

COLONIES DE VACANCES

Rattachées aux différentes œuvres.

ŒUVRES CHARITABLES ET SOCIALES

Conférence de Saint-Vincent de Paul. Réunion le vendredi à 8 h. 3/4.

Dames de charité. Réunion le 1er lundi du mois à 1 h. 1/4 au presbytère.

Dames catéchistes. Groupement de dames ayant pour but d'aider le prêtre dans l'étude du catéchisme.

Vestiaire des pauvres.

Ouvroir des Enfants de Marie.

Secrétariat des Familles, 78 *bis*, rue Boileau. Service gratuit de renseignements. Placement. Consultations juridiques. Application des lois sociales, vendredi de 3 heures à 6 heures.

Groupement des Cheminots catholiques. Réunion le 2e vendredi du mois.

Groupement professionnel féminin, 64 *bis*, rue Théophile-Gautier, le vendredi. Section des syndicats catholiques.

Permanence le vendredi soir à 8 h. 1/2.

Section de l'œuvre des Bons Enfants, 64 *bis*, rue Théophile-Gautier.

Aide et conseils aux veuves et orphelins.

PAROISSE NOTRE-DAME
DE LA MISÉRICORDE
DE PASSY

PAROISSE NOTRE-DAME
DE LA MISÉRICORDE DE PASSY

88, rue de l'Assomption

M. Protois, Curé.

Population : **20 000** habitants.

Moyens de locomotion :

Chemin de Fer de Ceinture : (Gare de Passy).
Tramways : Auteuil-Madeleine (16).
— Auteuil-Passy-Hôtel-de-Ville (12).
— La Muette-Taitbout (15).
Autobus : Passy-Bourse (AB).

HISTORIQUE, ARCHITECTURE

Construite en 1885, sous le pontificat de Léon XIII, par le Père Pesnelle, Directeur des Pères de la Miséricorde.

La Chapelle de Notre-Dame de la Miséricorde, style Renaissance, est une réduction de la basilique de Saint-Pierre de Rome.

C'est en décembre 1907 que le cardinal Richard, archevêque de Paris, érigea en chapelle de secours la chapelle de Notre-Dame de la Miséricorde, dont les Pères missionnaires de ce nom venaient d'être dépossédés par la loi d'association de 1901.

Elle fut ouverte au public par ordonnance archiépiscopale, alors qu'en vertu d'un décret de l'autorité diocésaine, une circonscription territoriale religieuse se trouvait délimitée entre les paroisses d'Auteuil et de Passy.

Elle comprend, depuis le Bois de Boulogne jusqu'à la rue La Fontaine, le territoire limité du côté d'Auteuil par la Villa Montmorency, la rue de la Source et la rue Ribéra; du côté de Passy, par les rues Boulainvilliers, des Vignes et Largillière.

M. l'abbé Protois, premier Vicaire de Notre-Dame de Grâce de Passy, avait été nommé, le 29 novembre 1907, administrateur de ce nouveau centre religieux, centre qui correspondait à un véritable besoin pour ce quartier éloigné des chefs-lieux paroissiaux.

Dès ce jour, les catholiques habitant dans le ressort de la circonscription eurent la facilité de l'assistance à la messe, des baptêmes, des catéchismes, premières communions, devoir pascal, assistance des malades, visites des pauvres.

Son Em. le cardinal Amette, qui a suivi le mouvement de création de centres religieux inauguré par son prédécesseur, érigea en Paroisse, après six années d'actif apostolat, la chapelle de secours de Notre-Dame de la Miséricorde.

De même que dans le cours des âges, Auteuil est devenu un démembrement de Saint-Germain l'Auxerrois, et Passy un démembrement d'Auteuil, la nouvelle Paroisse est un démembrement des deux, et elle ajoute à ses services, déjà en grande activité, au milieu d'une population chaque jour croissante, celui des mariages et des enterrements.

C'est le 2 février 1914 qu'eut lieu l'érection de la nouvelle Paroisse, dont M. l'abbé Protois fut solennellement installé Curé par Mgr Odelin.

Dans le service spirituel de 20000 habitants qui se trouvent sur le territoire de cette circonscription religieuse, le nouveau Curé est aidé par des prêtres distingués, et ce n'est pas l'un des moindres avantages de cette église que de donner, dans l'intimité de cette oasis divine, la Vérité et le Secours qu'attendaient les âmes altérées dans ce coin isolé du XVIe arrondissement.

OFFICES RELIGIEUX

1° Dimanches et Fêtes

Messes à 6 heures, 7 heures, 8 heures, 9 heures, 9 h. 3/4, 11 heures, midi.

Prédication aux messes de: 6 heures, 8 heures, 9 h. 3/4, 11 heures.

Vêpres suivies d'Instruction et Salut, à 5 heures.

2° En semaine

Chaque jour les Messes sont célébrées à : 6 h. 1/2, 7 heures, 8 heures, 9 heures.

3° Chaque mois

Premier Vendredi du mois. Réunion des Dames Adoratrices du Saint-Sacrement. Le matin, Messe à 8 heures et le soir à 5 heures, Salut.

Deuxième Vendredi du mois. Archiconfrérie des Mères chrétiennes.

Troisième Vendredi du mois. A 8 heures, Messe pour les soldats de la Paroisse, morts au Champ d'Honneur.

Premier Samedi du mois. Messe pour la Confrérie de Notre-Dame de la Miséricorde.

Tous les 15 jours, réunion de Sainte-Geneviève, (Œuvres de Servantes), à 3 heures, allocution et bénédiction.

4° Chaque année

Des Retraites sont prêchées :

Pendant le Carême. Retraite générale et retraite des jeunes filles.

Pendant la Semaine-Sainte. Retraite des Hommes.

L'Adoration Perpétuelle.

Les divers Offices qui se succèdent au cours de l'année liturgique, sont annoncés :

Dans les *prédications* du dimanche

Et par le *Bulletin Paroissial.*

RENSEIGNEMENTS GÉNÉRAUX

L'Eglise est ouverte les dimanches de 6 heures du matin à 6 heures du soir. En semaine de 6 h. 1/2 du matin à 6 heures du soir.

Heures des Bureaux.

M. le Curé reçoit tous les jeudis à son bureau.

Pour les Mariages. M. le Premier Vicaire reçoit les mardi, vendredi et samedi de 9 heures à 11 heures, et le jeudi de 3 heures à 6 heures.

Pour les Convois et Services. M. le Second Vicaire reçoit les mardi et vendredi, de 8 heures à 11 heures, et de 3 heures à 6 heures; les premier et troisième dimanches de chaque mois.

CATÉCHISMES

Préparatoire : jeudi à 10 h. 1/2.

Première Communion de Garçons : 1re et 2e années. Jeudi à 10 heures.

2e année seulement. Mardi à 4 h. 1/2.

Première Communion de Filles : 1re et 2e années. Jeudi à 9 heures.

2e année seulement. Lundi à 4 h. 1/2.

Persévérance Jeunes Filles, le dimanche à 9 heures.

Persévérance Jeunes Gens, le dimanche à 8 heures.

ASSOCIATIONS DE PIETE

Confrérie de Notre-Dame de la Merci.

Confrérie du Sacré-Cœur et des Dames Adoratrices du Saint-Sacrement. — Adoration : l'après-midi de 2 heures à 5 heures.

Réunion mensuelle des Dames Adoratrices, le deuxième mercredi à 2 heures.

Association des Mères chrétiennes. — Deuxième vendredi. Messe à 8 heures.

Association des Enfants de Marie. — Communion mensuelle le premier dimanche du mois.

Conférence d'Apologétique. — Pour les jeunes gens, le dimanche de 11 heures à 11 h. 1/2.

LES ŒUVRES

Ouvroir de Jeunes Filles pour Enfants pauvres.

Œuvre des personnes en Service. (Sainte-Geneviève).

Conférence de Saint-Vincent de Paul. Réunion le soir à 20 h. 1/2.

Sainte-Enfance.

Propagation de la Foi. (Saint-François de Sales).

Bibliothèque Paroissiale.

CHAPELLE

DE LA MISSION ESPAGNOLE

CHAPELLE DES SERVANTES

DU SAINT-SACREMENT

CHAPELLE DE LA MISSION ESPAGNOLE

51 *bis*, rue de la Pompe

Dom Gabriel Palmer, Visiteur Royal.

HISTORIQUE, ARCHITECTURE

Fondée en 1913, par Sa Majesté le Roi Alphonse XIII, pour les catholiques espagnols résidant dans le diocèse de Paris.

La Chapelle espagnole est de style romain. Elle a été construite en 1900 par les Pères Carmes qui furent obligés de la vendre lors de leur expulsion de France. Dernièrement, elle a été définitivement acquise par le Gouvernement espagnol, ainsi que l'ancien couvent, et affectée aux œuvres de la Mission espagnole. Elle est aujourd'hui le foyer de nombreuses œuvres en faveur de la classe ouvrière espagnole en séjour à Paris.

Plusieurs centres d'évangélisation ont été successivement créés, à la plaine Saint-Denis, Aubervilliers, Saint-Ouen, etc...

OFFICES RELIGIEUX

La chapelle est ouverte tous les jours de 6 heures à midi et de 2 heures à 6 heures du soir.

Le dimanche, fermeture après le Salut de 6 heures.

1° Dimanches et Fêtes

Messes à : 6 h. 1/2, 7 h. 1/4, 8 heures, 9 heures, 10 heures, 11 heures,

Prédication en espagnol à la messe de 10 heures.

A 6 heures, Chapelet et Salut.

2° En semaine

Chaque jour les Messes sont célébrées à : 6 h. 1/2, 7 h. 1/4, 8 heures, 9 heures.

Pendant le Carême : Retraite des dames (en langue espagnole).

ASSOCIATIONS DE PIÉTÉ

Association des Enfants de Marie

Réunions tous les 1er dimanches du mois.

A 9 heures, messe de communion.

A 3 heures, instruction et Salut.

Catéchismes, retraites, etc...

ŒUVRES

Œuvres des mariages

Mariages payés par la Mission, légitimations d'unions, pièces à procurer dans ce but, etc,..

Bureau de placement. Employés, ouvriers, personnel de maison.

Ouvroir pour les familles pauvres. 2e et 4e samedi, et le 22 de chaque mois.

Dispensaire. Consultations gratuites le vendredi à 3 heures.

Visites aux hôpitaux, distributions de bons de fourneau, d'alimentation, aide au paiement des loyers, indication de collèges, pensions, rapatriement, arbres de Noël, dons de vêtements, pharmacie, etc...

CHAPELLE DES SERVANTES
DU SAINT-SACREMENT

20, rue Cortambert

Ouverte tous les jours de 6 heures à midi et de 1 heure à 6 h. 1/2.

OFFICES RELIGIEUX

1° Dimanches et Fêtes

Messes à 6 heures, 7 heures, 8 heures, 10 h. 1/4, 11 heures.

A 9 heures, messe chantée.

Vêpres chantées et complies à 1 h. 1/2.

Sermon précédé du chapelet et Salut à 5 heures.

2° En semaine

Les messes sont célébrées tous les jours à 6 heures, 7 h. 1/4 et 8 heures.

Vêpres et complies à 2 heures.

Chapelet et Salut à 5 heures.

1er vendredi du mois, sermon à 5 heures.

Adoration perpétuelle

Pendant le Carême, prédication tous les dimanches.

PRESSE

PUBLICATIONS OU PÉRIODIQUES IMPRIMÉS DANS, OU SUR L'ARRONDISSEMENT

PRESSE

L'Action Populaire, 51, rue Saint-Didier.

Organe de documentation religieuse et sociale bi-mensuel. Édite en outre de ses dossiers des brochures et des livres traitant à fond ces multiples questions documentaires.

BULLETINS PAROISSIAUX

Questions religieuses, renseignements intéressant la Paroisse.

La Cité Paroissiale, 117, avenue Victor-Hugo.

Saint-Honoré d'Eylau.

Mensuel : 5 francs par an.

Auteuil catholique, 4, rue Corot.

Notre-Dame d'Auteuil.

Mensuel : 5 francs par an.

Notre-Dame de la Miséricorde, rue de l'Assomption.

Bulletin Mensuel : 5 francs par an.

Auteuil-Point-du-Jour, 15 *bis*, rue Théophile-Gautier.

Nouvelles et renseignements de l'arrondissement, principalement du quartier d'Auteuil ; paraîtra prochainement : hebdomadaire.

L'Instituteur Français, 41 *bis*, rue La Fontaine.

Bi-mensuel : 5 francs par an.

Organe des intérêts de l'Ecole Nationale.

La Française, 17, rue de l'Annonciation.

Mensuel : 10 francs par an.

Journal du Conseil national des femmes.

Renseignements généraux. Documentation pour les carrières féminines. Droits et devoirs de la femme.

FORMALITÉS NÉCESSAIRES

CIVILES ET RELIGIEUSES

DÉMARCHES UTILES

SECOURS INDIVIDUELS
SUBVENTIONS AUX ŒUVRES

RENSEIGNEMENTS GÉNÉRAUX

FORMALITÉS CIVILES ET RELIGIEUSES

Mariages.

Mariage civil. — Pièces à fournir : acte de naissance et certificat de domicile.

S'adresser pour tous renseignements à la mairie du XVIe arrondissement, bureau des mariages, tous les jours.

Mariage religieux. — Pièces à fournir : certificat de baptême et billet de confession. S'adresser à la Sacristie de l'Église au prêtre préposé aux mariages. (Voir dans la partie « Union des Œuvres Catholiques » les renseignements généraux de chaque Paroisse).

Naissances.

Bureau des naissances. Mairie du XVIe arrondissement, faire la déclaration, accompagné de deux témoins, dans les vingt-quatre heures qui suivent l'accouchement.

Baptêmes.

Aucune pièce à fournir. S'adresser à la Sacristie de sa paroisse; de même pour les extraits de Baptême.

Écolage. (Caisse des Écoles).

Demande de gratuité, écolage, etc..

Écoles Libres, s'adresser à la Sacristie de l'Église, ou au directeur de l'école.

Écoles Municipales, à la Caisse des écoles, mairie du XVIe arrondissement, 71, avenue Henri-Martin.

Pupilles de la Nation.

Pour les enfants des soldats ou officiers morts au Champ d'Honneur ou des suites de maladie contractée aux armées, s'adresser les mardi, jeudi et samedi de deux à cinq heures, au Secrétariat des Pupilles de la Nation, 71, avenue Henri-Martin. (Voir aussi *Orphelins* et *Sections de l'œuvre des bons enfants.*)

Bureau militaire. (Mairie du XVIe).

Allocations, pensions, certificats, etc...

Bureau des décès. (Mairie du XVIe).

La déclaration de décès doit être faite à la Mairie, immédiatement par un membre de la famille ou toute autre personne déléguée à cet effet. Un médecin de l'État-Civil est envoyé à domicile pour constater le décès. Deux témoins se rendront ensuite au bureau de la Mairie, pour signer l'acte de décès.

Bureau des Pompes Funèbres. (Mairie du XVIe.)

Après avoir rempli les formalités nécessaires

au bureau des décès, s'entendre avec les Pompes Funèbres, pour le règlement du convoi.

Bureau des Élections. (Mairie du XVIe.)

Inscription ou radiation des électeurs...., changement d'adresse.

Distinctions honorifiques, enquêtes de voiries, observations.

Secrétariat (de la mairie du XVIe).

Pour délivrer toutes pièces légales non prévues dans les bureaux ci-dessous nommés.

Les bureaux de la Mairie sont ouverts tous les jours de neuf heures à dix-huit heures, excepté le dimanche où seuls sont ouverts de neuf heures à midi le bureau des naissances et le bureau des décès.

Justice de paix (mairie du XVIe), 71, avenue Henri-Martin.

Bureau de bienfaisance (voir aussi plus loin *Secours individuels*).

Sous la direction de l'Assistance Publique, le bureau de bienfaisance est chargé du service des secours. Il est administré par un bureau composé du maire président, des conseillers municipaux, adjoints, et de quelques administrateurs. Distribution de secours : en argent, en nature, assistance médicale, etc... Tous les jours de neuf heures à midi et de deux à cinq heures.

Bureau de placement (mairie du XVIe).

Gratuit, ouvert tous les jours de 9 heures à 11 h. 1/2, de 2 heures à 4 heures.

Caisse d'Épargne. (Mairie du XVIe.)

Se charge du placement des économies qui lui sont remises, et remet un intérêt de 3,75 p. 100 (Organisation existant dans toutes les mairies). Heures d'ouverture dimanche de 9 heures à 11 h. 1/2 et jeudi de 9 heures à midi.

Société de secours mutuel. (Mairie du XVIe.) Reconnue d'utilité publique.

Société dont les membres payent tous une cotisation de manière à secourir ceux d'entre eux qui sont dans le besoin (maladies, infirmités, pensions de retraite, etc...)

Bibliothèque populaire municipale à la mairie du XVIe.

Prêt de livres.

DÉMARCHES UTILES
SECOURS INDIVIDUELS

MÈRES ET ENFANTS

Assistance aux femmes en couches.

Accordée par le bureau de bienfaisance aux femmes salariées, qui, d'après un certificat médical délivré par un médecin de l'Assistance, prouvent qu'elles ne travaillent pas pendant les quatre semaines qui précèdent leur accouchement. (Loi Strauss 1913.)

Allocation : Pendant 8 semaines, quatre semaines précédant et quatre semaines suivant l'accouchement, les femmes recevront une allocation variant de 1 franc à 1 fr. 75.

Accouchement

A l'hôpital : hospitalisation de 11 jours.

A domicile : sur demande, au bureau de bienfaisance, on peut obtenir gratuitement une sage-femme. (Prêt d'une paire de draps).

Les femmes touchant l'assistance peuvent obtenir un berceau ou une layette, en faisant une demande au Bureau des secours, 3, avenue Victoria.

Secours d'allaitement. Donné par le bureau de

bienfaisance. Accordé pour un an, rarement au premier enfant.

Prime d'allaitement. 15 francs par mois à toute mère ayant reçu l'assistance aux femmes en couches et allaitant son enfant.

FAMILLES NOMBREUSES

Accordé pour un ménage, au 4e enfant, les autres enfants étant âgés de moins de 13 ans.

Pour un veuf, au 3e enfant.

Pour une femme seule, au 2e enfant.

Domicile de secours: 1 an de résidence.

Adresser une demande écrite à M. le Maire.

ASSISTANCE OBLIGATOIRE AUX VIEILLARDS, INFIRMES ET INCURABLES.

Vieillards de nationalité française, âgés d'au moins 70 ans, ou infirmes dont la maladie incurable est reconnue par la commission médicale et entraîne l'incapacité par le travail de pourvoir aux nécessités de la vie.

Secours variant suivant la situation du demandeur.

SECOURS DE LOYERS.

Adresser une demande écrite à M. le Maire (examinée par la délégation du bureau de bienfaisance).

SECOURS ACCORDÉS PAR LE BUREAU DE BIENFAISANCE.

Secours en nature : bons d'alimentation, de chauffage, lait stérilisé, etc.

Secours temporaires en argent : aux nécessiteux, aux convalescents, aux chômeurs, etc.
Demande écrite à M. le Maire, mairie du XVIe, 71, avenue Henri-Martin.

SECOURS ACCORDÉS PAR LES PAROISSES.

Adresser une demande par écrit à MM. les Curés. (Voir *Union des œuvres catholiques.*)

FONDATIONS ET LEGS EN FAVEUR DU XVIe ARRONDISSEMENT

Fondation Chardon-Lagache.
En faveur de l'asile de vieillards, 1, rue Chardon-Lagache. (Voir vieillards).

Fondation Debolle.
Rente de 600 francs. Cette somme est attribuée chaque année à une jeune fille pauvre de 18 à 21 ans, habitant le XVIe arrondissement.

Legs Parent de Rosan.
Une rente est destinée à l'entretien de l'orphelinat Parent de Rosan, 122, avenue de Versailles,

qui élève et dote, à leur sortie de l'orphelinat, douze enfants.

Fondation Fabien.

2.400 francs sont divisés entre les huit jeunes filles les plus méritantes de l'arrondissement.

SUBVENTIONS AUX ŒUVRES

Subvention de l'Union centrale des Œuvres. Mairie du XVIe, 71, avenue Henri-Martin. (Adresser cette demande écrite au Président : M. le docteur Bouillet, maire du XVIe arrt.)

Subventions accordées aux institutions publiques et privées.

Accordées aux sociétés déclarées en vertu de la loi de 1901, ou de celle du 30 mai 1916.

(Œuvres de guerre.)

Par le *Conseil municipal* et le *Conseil général.*

Adresser les demandes au Préfet.

Pour tous renseignements, s'adresser à l'Hôtel de Ville, bureau 235.

MINISTÈRE DE L'HYGIÈNE, DE L'ASSISTANCE ET DE LA PRÉVOYANCE SOCIALES.

Section détachée du Ministère de l'Intérieur, 11, rue Cambacérès.

Adultes.

Subventions pouvant être accordées à des

institutions de bienfaisance, d'assistance par le travail, d'hygiène, œuvres antialcooliques.

Enfance.

Subventions accordées à des sociétés de charité maternelle et œuvres similaires.

Mutualité maternelle. Goutte de lait. Consultations de nourrissons. Crèches. Sociétés de secours mutuel, etc.

Pour ces diverses subventions, fournir une demande sur papier libre au préfet, y annexer le compte rendu moral et le compte rendu financier de l'exercice précédent avec les statuts de l'œuvre.

HYGIÈNE SOCIALE

80, rue de Varenne.

(Division des habitations à bon marché et de l'Epargne).

Habitations à bon marché.

Dans la limite des crédits ouverts à cet effet il est accordé par l'État des subventions aux communes, aux offices publics d'habitations à bon marché, aux sociétés et fondations d'habitations à bon marché, aux bureaux de bienfaisance et d'assistance, aux caisses d'épargne, aux hospices et hôpitaux qui construiront des maisons à bon marché, destinées à être louées à des familles de plus de trois enfants âgés de moins de treize ans.

Ces subventions ont pour objet de faciliter la construction ou l'achèvement des maisons à bon marché: elles permettent aussi de mener à bonne fin des constructions qui auraient été entreprises avant la guerre, et qui auraient été suspendues en raison des hostilités.

Ces subventions ne pourront excéder le tiers du prix de revient de l'immeuble.

Pour tous renseignements, s'adresser 80, rue de Varenne, Paris.

MINISTÈRE DE L'INSTRUCTION PUBLIQUE ET DES BEAUX-ARTS.

Bourses et Subventions pouvant être accordées aux écoles professionnelles publiques et privées.

Conditions dans lesquelles doit être présentée toute demande de subvention par des Etablissements ou associations d'enseignement technique:

1° Peuvent seuls, obtenir une subvention du sous-secrétariat d'Etat de l'enseignement technique, votée sur les crédits réservés aux encouragements et à l'enseignement technique; les établissements ou associations possédant des cours professionnels fonctionnant d'une manière régulière.

2° Toute demande de subvention doit être adressée en double exemplaire *dont un sur papier timbré*; elle doit faire connaître avec précision, l'affectation éventuelle de l'allocation sollicitée, et le montant de la subvention allouée sur l'exercice 1922. La demande doit être accompagnée d'une notice donnée sur toutes demandes, établie en double exemplaire, contenant un questionnaire et le relevé des dépenses et des recettes de l'exercice 1922-1923. Cette notice doit être certifiée par le président et le trésorier. Elle devra être établie avec le plus grand soin en donnant une réponse à chacune des questions posées.

3° Les demandes de subventions, adressées au sous-secrétariat d'Etat de l'enseignement technique, doivent être envoyées avant le 15 novembre au maire, président de la commission, locale de la commune où les établissements ou associations ont leur siège.

Dans le cas où il n'existerait pas de commission locale professionnelle dans la commune, la demande devrait être adressée directement au préfet du département avant la date ci-dessus indiquée.

Pour le département de la Seine, les dossiers devront être adressés avant le 15 décembre *directement* au sous-secrétariat d'État de l'enseignement technique (1er bureau), 11, rue Saint-Guillaume, Paris.

MINISTÈRE DE LA GUERRE

Subventions pouvant être accordées aux sociétés d'éducation physique, agréées du gouvernement.

S'adresser au service d'éducation physique et des sports, 11, rue Saint-Dominique, Paris.

TABLE DES MATIÈRES

A

B

C

D

E

F

G

H

I

J

L

M

N

O

P

Q

R

S

T

U

V

Imprimerie de J. Dumoulin, Paris

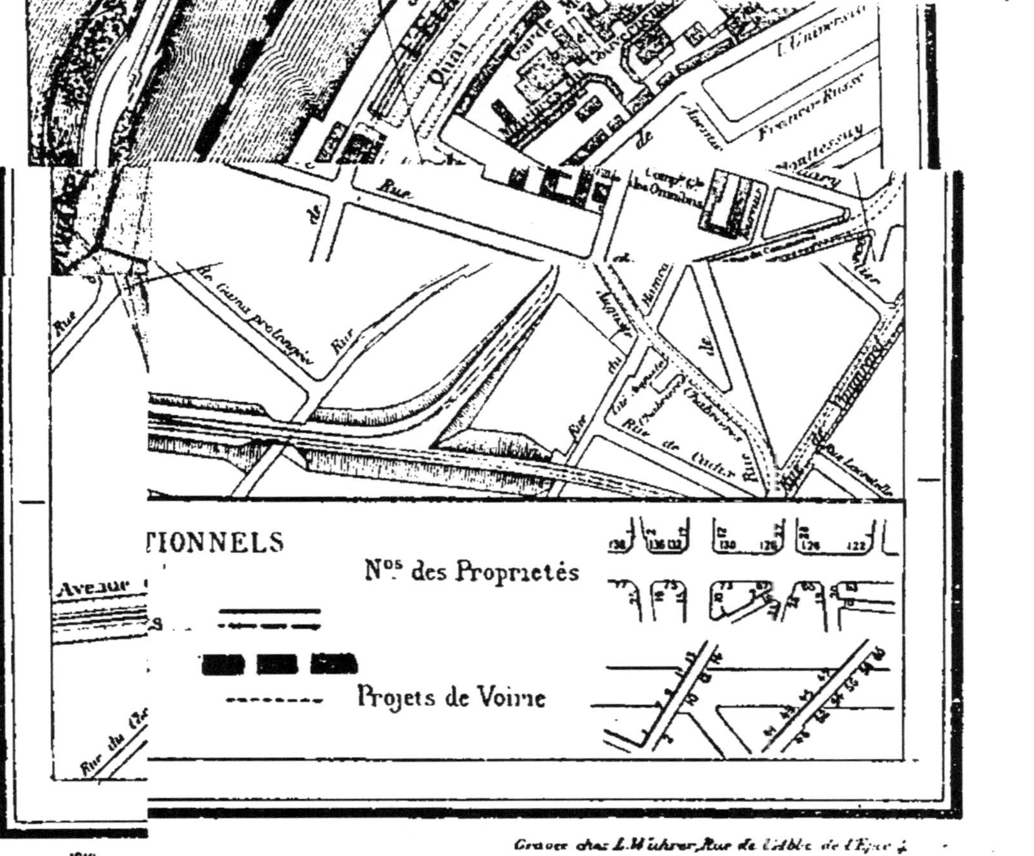

Quai
Rue
Compie des Omnibus
Rue de l'Université
Avenue
Franco-Russe
Rue prolongée
Rue du
Rue de
Rue de Cader
TIONNELS
Nos des Proprietés
Projets de Voirie
Avenue
Rue du
Rue Larmelle
1919
Gravé chez L. Wuhrer, Rue de l'Abbé de l'Epée 4

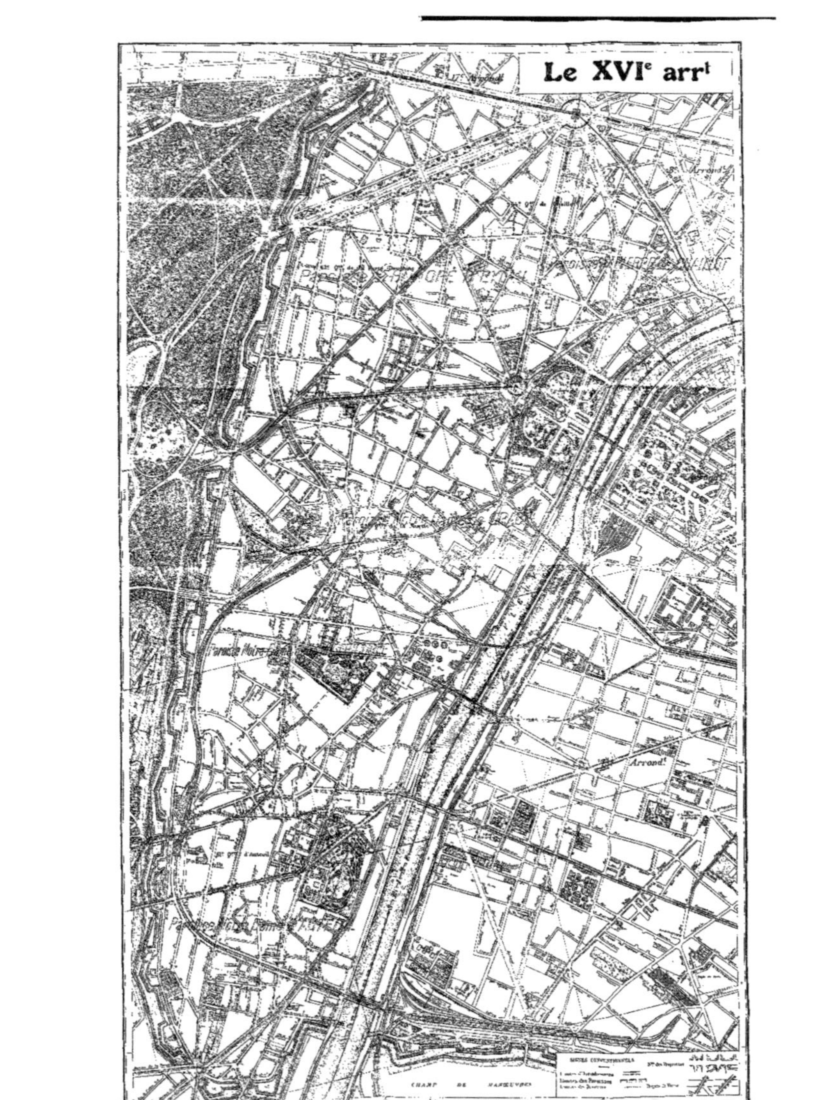
Le XVIe arrt

www.ingramcontent.com/pod-product-compliance
Ingram Content Group UK Ltd.
Pitfield, Milton Keynes, MK11 3LW, UK
UKHW022011170726
13837UKWH00001B/112

9 782329 199986